はじめに

　相続税の申告実務において，税理士にとって土地と取引相場のない株式等（以下「自社株」といいます）についての財産評価は避けて通ることができないものです。

　相続財産の大半を占める土地（相続財産に占める土地の割合は平成28年は38.0％）の評価については，現地に赴き評価対象土地やその周辺の写真を撮ったり，住宅地図を持参し位置を確認して該当する路線価図と照合することが基本です。

　土地は2つとして同じものがないことから，特に路線価地域に所在する土地については，財産評価基本通達に定める土地の各種補正等の適用を漏れなく受けるようにしないと財産評価額が適正に求められません。

　土地の情報には，固定資産税の課税明細書や登記事項証明書など簡単に入手することができるものがあります。土地の形状や地積によって評価方法が異なることもあるため，地積測量図を入手し，又は地積測量図などがない場合には巻尺などで簡易な測量をする必要があります。その土地に面する道路判定や都市計画法や建築基準法などの法規制についても，所管する役所の窓口で確認しなければなりません。

　また，同族株主等のうち，支配権を有する株主が所有する自社株は，原則的評価方式によって評価されることから想定外の株価となって事業承継が困難になることもあります。一方，同族株主等でも支配権を有しない株主や同族株主等以外の株主の所有する自社株は，特例的評価方式によって評価することとされているため，相続税等の課税問題はないといっても過言ではありません。

　同じ自社株でも，取得する者によって，評価方法が異なることから，自社株の評価方法の基本的な仕組みについての理解が欠かせません。

■平成23年～平成27年・相続財産種類別内訳

(単位：百万円)

	平成23年	平成24年	平成25年	平成26年	平成27年
① 土　地	5,378,109	5,369,862	5,207,269	5,146,902	5,939,957
② 家屋・構築物	671,573	623,186	649,373	673,237	834,336
③ 有価証券	1,520,924	1,435,076	2,067,580	1,896,550	2,336,792
④ 同上のうち 未上場株式等（注）	(9,234人) 440,315	(9,155人) 390,136	(9,101人) 519,006	(9,406人) 470,476	(12,330人) 558,970
⑤ 現金・預貯金	2,853,120	2,998,825	3,254,798	3,305,423	4,799,552
⑥ その他	1,280,623	1,297,821	1,353,620	1,386,493	1,725,604
⑦ 合　計	11,704,349	11,724,770	12,532,640	12,408,607	15,636,241

（注）被相続人1人当たりの未上場株式等の価額は5年平均で，4,833万円となります。
出典：国税庁統計資料

　平成23年分～平成27年分の相続税の課税価格の合計額を，その間の被相続人の延べ人数で除すと，課税価格は18,949万円／件となります。そのことから，未上場株式等の占める割合は約25％（4,833万円÷18,949万円）と推定され，標準的な家族構成（相続人が，妻と子2人）で，長男が事業承継者の場合に法定相続分どおり相続することとなると，長男が相続する財産のほとんどは自社株ということになってしまいます。

　そのため，自社株に代表される換金処分の困難な財産の相続財産に占める割合が高い相続人にとっては，相続税の納税資金の確保が重要です。

　そこで，相続税の申告にあたり，難易度が高く，また，現地確認に時間がかかる仕事と思われる土地評価を効率良く進めるために，各種資料等の収集方法や各種法規制の確認方法などについて解説することとします。
　（農地等や特殊な土地等については，紙面の都合上解説していませんので，ご留意ください。）

　　　　　　　　　　　　　　　　　　　　　　　　　はじめに

　また，自社株については，相続税評価額の基本的な仕組みとチェックポイント及び自社株対策などについて分かりやすく解説することとします。

　なお，文中意見にわたる部分は私見ですので，念のため申し添えます。

平成29年12月
税理士法人ファミリィ
代表社員・税理士　山本和義

目　　次

はじめに

第1編　土地の評価

第1章　固定資産税の課税明細書の確認

1. 固定資産税の課税明細書を読み解く ……………………………… 2
2. 固定資産税の課税明細書の見方 ……………………………………… 5
3. 課税明細書から検証する土地・家屋の評価ポイント …………… 13
   - (1) 共有不動産／13
   - (2) 固定資産税評価額が付されていない場合／16
   - (3) 建物を所有していない場合で、その敷地が住宅用地として軽減適用を受けている場合／18
   - (4) 土地を同族会社に貸している場合／19
   - (5) 非課税の土地も遺産分割の対象に／21
   - (6) 市街化区域に所在する宅地等／22
   - (7) 建物の増改築が行われた場合に、固定資産税評価額が改訂されていないとき／27
   - (8) 法定耐用年数を経過した家屋の相続税評価額／27
   - (9) スケルトン貸しの場合／29

目　次

第2章　土地評価に必要とされる資料の収集

1　土地情報の入手（登記情報提供サービスの利用） ………………… 32
2　固定資産評価証明書と固定資産税名寄帳 …………………………… 33
　(1)　固定資産評価証明書／33
　(2)　固定資産税の名寄帳／34
3　不動産登記情報の確認事項 …………………………………………… 36
4　住宅地図 ………………………………………………………………… 39
　コラム　現地の写真・40
5　地図等 …………………………………………………………………… 41
　(1)　公図（地図に準ずる図面）／41
　(2)　地図（不動産登記法14条地図）／42
　(3)　地籍図／44
　(4)　白地図／45
　コラム　全国地価マップ・46
　(5)　路線価図／47
　コラム　特定路線価・48
6　地積測量図 ……………………………………………………………… 50
　コラム　縄延びがある場合・53
7　賃貸借契約書の提示を受ける ………………………………………… 55
　コラム　賃貸割合・57
8　税務署への土地の権利関係の届出書の確認 ………………………… 60
　(1)　「土地の無償返還に関する届出書」／60
　(2)　「相当の地代の改訂方法に関する届出書」／61

(3)　「借地権者の地位の変更がない旨の申出書」／64

　　(4)　「借地権の使用貸借に関する確認書」／64

　　コラム　土地に関する基本用語・65

第3章　国税庁ホームページから得る土地の評価情報

1　国税庁のタックスアンサー ……………………………………… 68

　　(1)　路線価方式による宅地の評価（No.4604）／68

　　(2)　地区の異なる2以上の路線に接する宅地の評価（No.4605）／72

　　(3)　利用価値が著しく低下している宅地の評価（No.4617）／73

　　(4)　無道路地の評価（No.4620）／74

　　(5)　私道に沿接する宅地の評価（No.4621）／77

　　(6)　私道の評価（No.4622）／77

　　(7)　貸駐車場として利用している土地の評価（No.4627）／79

　　(8)　市街化調整区域内の雑種地の評価（No.4628）／80

2　財産評価基本通達 ……………………………………………… 81

　　(1)　容積率の異なる2以上の地域にわたる宅地の評価／81

　　(2)　土地区画整理事業施行中の宅地の評価／82

　　(3)　都市計画道路予定地の区域内にある宅地の評価／83

　　(4)　文化財建造物である家屋の敷地の用に供されている宅地の評価／84

　　(5)　雑種地の評価／85

3　その他の情報等 ………………………………………………… 87

　　(1)　土壌汚染地／87

　　(2)　高圧線下の土地／88

　　(3)　埋蔵文化財包蔵地／88

　　(4)　タワーマンションを相続開始直前に取得し，相続人が相続直後に譲渡し

た場合／90
　(5) 公開空地のある宅地の評価／91
　(6) 歩道状空地／92

第4章　宅地の評価単位

① 宅地の評価単位 ……………………………………………… 96
　(1) 所有する宅地を自ら使用している場合／96
　(2) 所有する宅地の一部について借地権を設定させ，他の部分を自己が使用している場合／97
　(3) 所有する宅地に隣接する土地について借地権を設定し，全体を自己が使用している場合／97
　(4) 所有する宅地の一部について借地権を設定させ，他の部分を貸家の敷地の用に供している場合／98
　(5) 借地権の目的となっている宅地を評価する場合／99
　(6) 貸家建付地（貸家の敷地の用に供されている宅地をいう）を評価する場合／99
　(7) 2以上の者から隣接している土地を借りて，これを一体として利用している場合／100
　(8) 共同ビルの敷地の用に供されている宅地／101
　(9) 所有する宅地の一部を自己が使用し，他の部分を使用貸借により貸し付けている場合／101
　(10) 自用地と自用地以外の宅地が連接している場合／103
　(11) 地目の異なる土地が一体として利用されている場合／104
　(12) 単独所有地と隣接する共有地／105
　(13) 複数の貸家が建っている敷地／106

- (14) 駐車場用地の場合／106
- (15) 里道で分断されている宅地／107

2 不合理分割 ……………………………………………………………… 108
- (1) 不合理分割の判断／108
- (2) 不合理分割の計算例／110
  - **コラム** 不動産の物納・112

第2編　自社株の評価

第5章　取引相場のない株式等の評価方法の基本

1 同族株主等の判定 ……………………………………………………… 118
- (1) 同族株主のいる会社の場合の評価方式／119
  - **コラム** 姻族関係終了届・122
- (2) 同族株主がいない会社の場合の評価方式／123

2 同族株主等のうち支配権を有するか否かの判定 ……………… 124
- (1) 議決権の確認／124
- (2) 取得後の議決権割合が5％未満か／129
- (3) 中心的な同族株主／133
- (4) 役員でないか／138

3 同族株主等以外の株主や支配権を有しない同族株主等の場合の自社株の評価方法 …………………………………………………… 139

4 支配権を有する同族株主等の場合の株式の評価方法 ………… 142

5 会社規模区分の確認 …………………………………………………… 144
- (1) 総資産価額（帳簿価額）／145

(2) 従業員数の判定／146
(3) 取引金額の判定／147

第6章　類似業種比準価額の計算と申告書記入

1　類似業種比準方式の計算方法 …………………………………… 150
2　類似業種と業種区分の判定 ……………………………………… 152
　コラム　医療法人の業種目・156
3　類似業種の株価 …………………………………………………… 157
4　1株当たりの資本金等の額等 …………………………………… 159
　(1) 直前期末の資本金等の額／159
　(2) 直前期末の発行済株式数／159
　(3) 直前期末の自己株式数／159
5　1株当たりの配当金額 …………………………………………… 160
　コラム　配当優先の無議決権株式の評価・161
6　1株（50円）当たりの利益金額 ………………………………… 162
7　1株当たりの純資産価額（帳簿価額） ………………………… 169

第7章　純資産価額（相続税評価額によって計算した金額）の計算

1　仮決算方式と直前期末基準方式 ………………………………… 172
　(1) 仮決算方式／172
　(2) 直前期末基準方式／172
　　コラム　修正申告に伴う直前期末基準方式から仮決算方式への変更・174

9

② 純資産価額方式の計算式 ………………………………………… 175
③ 資産の評価及び負債の計上についての留意点 …………………… 176
　(1) 即時償却資産／176
　(2) 構築物／177
　(3) 動産／177
　(4) 評価差額に対する法人税額等に相当する金額／178
　(5) 3年内取得土地等及び建物等／178
　(6) 借地権／180
　　　コラム　借地権の確認・181
　(7) 「土地の無償返還に関する届出書」／182
　(8) 「相当の地代の改訂方法に関する届出書」／184
　(9) 貸倒引当金等／187
　(10) 負債として計上できるもの／187
　(11) 生命保険金／188
　(12) 全損型生命保険契約（生命保険契約に関する権利）／188
　　　コラム　総資産価額と純資産価額・189

第8章　特定の評価会社に該当する場合

① 特定の評価会社とは ……………………………………………… 192
② 主な特定の評価会社の概要 ……………………………………… 194
　(1) 比準要素数1の会社／194
　(2) 株式保有特定会社／195
　(3) 土地保有特定会社／197
　(4) 比準要素数ゼロの会社／198

第9章 「取引相場のない株式（出資）の評価明細書」から検証する自社株対策

1 評価明細書から検証する自社株対策 …………………………………… 200
  (1) 納税義務者の判定／200
  (2) 会社規模区分の引上げ／203
  (3) 配当比準又は利益比準の引下げ対策／206
  (4) 比準要素数1の会社の場合／209
  (5) 比準要素数ゼロの会社の場合／211
  (6) 株式保有特定会社又は土地保有特定会社に該当している場合／213

2 遺言書の作成 ……………………………………………………………… 215
  (1) 未分割の場合の議決権／215
  (2) 自社株を含む遺産が未分割の場合の議決権の判定／216

3 特定同族会社事業用宅地等の特例の適用要件の確認 ………… 219

4 同族会社への貸付金の放棄又はDES …………………………… 222
  (1) みなし贈与（遺贈）／222
  (2) DES（債務の資本化）と擬似DES／224

  コラム 自社株対策の留意点（行為計算の否認規定と財産評価基本通達）・226

第10章　自社株の生前移転対策とその留意点

1. 名義株の整理 …………………………………………………… 228
2. 贈与の意思表示と受託の意思表示 …………………………… 232
   - (1) 贈与の定義／232
   - **コラム**　署名捺印（押印）による証拠保全・233
   - (2) 暦年贈与／234
   - (3) 相続時精算課税／235
   - (4) 非上場株式等についての贈与税の納税猶予／239
   - (5) 遺留分算定基礎財産／244
3. 譲渡（贈与）の承認請求等 …………………………………… 247
   - (1) 株主による承認請求／247
   - (2) 会社側の対応／249
4. 贈与契約と贈与財産の引渡し ………………………………… 251
   - (1) 受贈者等／251
   - (2) 会社側の対応／253
5. 移転後の手続き等 ……………………………………………… 257
   - (1) 株主総会／257
   - (2) 配当金等の支払い／258
6. 支配すれども所有せず ………………………………………… 260
   - (1) 信託／260
   - (2) 拒否権付種類株式／260
   - (3) 議決権制限株式／260
   - (4) 定款による定め（属人的株式）／260

目　次

第11章　相続開始後の対策

1. 同族株主等でも分割方法によって評価方法が異なる ………… 264
2. 死亡退職金の支給 ……………………………………………… 267
3. 3年内取得土地等・建物等 …………………………………… 271
4. 金庫株 …………………………………………………………… 273
   (1) 相続人等からの自社株買取りの特例／273
   (2) 会社法による相続人等からの自己株式取得の特則／274
   (3) 自社株の時価／275
5. 非上場株式等についての相続税の納税猶予の選択 …………… 276
   (1) 非上場株式等についての相続税の納税猶予制度の概要と活用法／276
   (2) 相続財産を譲渡した場合の取得費の特例／277

第1章

固定資産税の課税明細書の確認

　相続財産に占める不動産（土地及び家屋）の割合は約43％で，地価の高い地域では，その割合はもっと高くなります。
　そのため，土地の相続税評価額を適正に評価することが重要となってきます。相続税の申告実務では，まず最初に，相続人等から，被相続人が所有していた不動産を確認するために固定資産税の課税明細書等の提供を受けることから始まります。
　そこで，この章では，固定資産税の課税明細書の確認方法を解説します。

1　固定資産税の課税明細書を読み解く

　市町村は，固定資産の状況及び課税標準である固定資産の価格を明らかにするために固定資産課税台帳を備えなければならないとされています。
　固定資産課税台帳とは，土地課税台帳(注1)，土地補充課税台帳(注2)，家屋課税台帳(注3)，家屋補充課税台帳(注4)及び償却資産課税台帳の総称です。
　固定資産税の課税明細書とは，土地及び家屋について，次の事項を記載した書類で，市町村は，固定資産税を徴収しようとする場合には，遅くとも納期限前10日までに当該納税者に交付しなければならないとされています。

土地：土地課税台帳などに登録された所在・地番・地目・地積・価格

家屋：家屋課税台帳などに登録された所在・家屋番号・種類・構造・床面積・価格

(注1) 登記簿に登記されている土地について，土地の所有者の住所，氏名又は名称，所在，地番，地目および地積，価格などを登録した帳簿をいいます。
(注2) 登記簿に登記されていない土地で固定資産税を課することができるもの（例えば埋立地）について注1の事項を登録した帳簿をいいます。
(注3) 登記簿に登記されている家屋について，家屋の所有者の住所，氏名又は名称，所在，地番，床面積，用途，価格などを登録した帳簿をいいます。
(注4) 登記簿に登記されていない家屋で固定資産税を課することができるもの（例えば未登記家屋）について注3の事項を登録した帳簿をいいます。

　固定資産税の課税明細書（市町村によって名称が異なる）から，以下のようなことがわかります。
① 　固定資産の所有者の名前（登記事項証明書に記載されている者）
　共有者がいる場合には，「外○名」と記載されている。
② 　土地や家屋の固定資産評価額・課税標準額
③ 　固定資産の所在地，土地の場合は地目（課税地目や登記地目）・地積，家屋の場合には構造・床面積など
④ 　土地が住宅用地として利用されている場合には，課税標準の特例措置の適

用の有無
⑤ 都市計画税が課されている場合には，その土地が都市計画区域内にあること（市街化調整区域ではないこと）
⑥ 家屋の建築年
市町村によっては，建築年を表示していないところもある。

以上のように，固定資産税の課税明細書を分析することで，被相続人が所有していた土地・家屋の情報を把握できます。
また，固定資産税の課税明細書には，原則として未登記の家屋も表示されていることから家屋の申告漏れの防止にも役立ちます。
未登記の家屋については，取壊しが行われても登記の異動がないことから，滅失していても固定資産税が課税されたままになっている事例が散見されるので，現地確認が欠かせません。
なお，共有不動産については，代表者に課税明細書が送付されることから，申告漏れを生じさせないように，固定資産評価証明書等を入手して確認するなど細心の注意が必要です。

また，固定資産税の課税明細書に記載されている土地及び家屋について確認するときに，家屋がどの土地上にあるのかをチェックする必要があります。
不動産登記法施行令5条（家屋番号）によると，「家屋番号は，地番区域ごとに建物の敷地の地番と同一の番号をもって定める。ただし，数個の建物が一筆の土地の上に存するとき，一個の建物が数筆の土地の上に存するとき，その他特別の事情があるときは，敷地の地番と同一の番号に符号を附する等の方法により，適当にこれを定める。」とされていることから，どの土地の上に家屋が建っているのか，敷地の地番と家屋番号で確認ができます。
被相続人が所有する家屋の所在する土地の被相続人の所有が確認できない場合には，他の者から土地を賃借していないかどうか，すなわち借地権の存在の有無をチェックしなければなりません。

なお，被相続人が所有する土地が，住宅用地として固定資産税が軽減されている場合で，その土地上に家屋が存在しないときには，他の者による借地権の設定が行われていないかもチェックポイントになります。

■平成●●年度　固定資産税・都市計画税（土地・家屋）課税明細書
（例）

　　　　○○　○○　様　　　　　　　　　　　　　　　　茨木市

資産	資産の所在			住宅区分（土地）家屋番号（家屋）	
一体棟数	地目（土地）種類（家屋）	当該年度価格（千円）	前年度分の固定資産税課税標準額（千円）	当該年度固定資産税課税標準額（千円）	固定資産税相当税額（円）
	共用（土地）構造（家屋）	地積（土地）床面積（家屋）(㎡)	前年度分の都市計画税課税標準額（千円）	当該年度都市計画税課税標準額（千円）	都市計画税相当税額（円）
土地	駅前1丁目○番○			小規模住宅・商業地等	
	宅地	27,941	8,664	8,380	117,320
		212.89	12,275	11,874	35,622
家屋	駅前1丁目○番地○			11	
1	共同住宅	22,979		22,979	321,706
	鉄筋コ	851.61		22,979	68,937

茨木市駅前1丁目○番○の土地の相続税評価額の概算計算
27,941千円（固定資産税評価額）×1.14≒31,852千円（相続税評価額）
出典：茨木市（総務部資産税課）

2 固定資産税の課税明細書の見方

　横浜市の課税明細書を用いて，①土地，②家屋，③区分所有マンションの課税明細書の見方を確認しましょう。

■課税明細書の見方 ①土地の場合

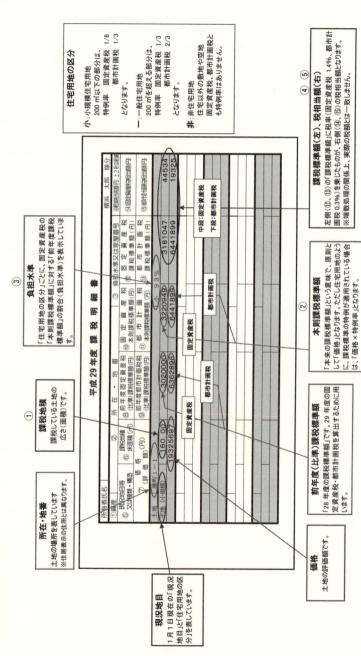

出典：横浜市ホームページ
http://www.city.yokohama.lg.jp/zaisei/citytax/shizei/pdf/kazeimeisai/h29meisai-1.pdf ［平成30年2月1日確認］

第1章　固定資産税の課税明細書の確認

(例)　土地の場合

① **課税地積**
　宅地の地積なので、160.00㎡（小数点2位まで）

② **本則課税標準額**（評価額÷住宅用地の特例率）
　固定資産税　19,325,697円 × 1/6（小規模住宅用地）＝ 3,220,949円
　都市計画税　19,325,697円 × 1/3（小規模住宅用地）＝ 6,441,899円

③ **負担水準**（(前年度課税標準額) ÷ (本則課税標準額)）
　固定資産税　3,020,000円 ÷ 3,220,949円 ＝ 93% ≦ 100%
　都市計画税　6,362,896円 ÷ 6,441,899円 ＝ 98% ≦ 100%

④ **課税標準額**
　固定資産税　3,020,000円 ＋（19,325,697円 × 1/6 × 5%）＝ 3,181,047円
　都市計画税　6,362,896円 ＋（19,325,697円 × 1/3 × 5%）＝ 6,684,990円
　　本則課税標準額を超えるため、6,441,899円となる。

⑤ **税額**
　固定資産税　3,181,047円 × 1.4% ＝ 44,534円
　都市計画税　6,441,899円 × 0.3% ＝ 19,325円

■課税明細書の見方 ②家屋の場合

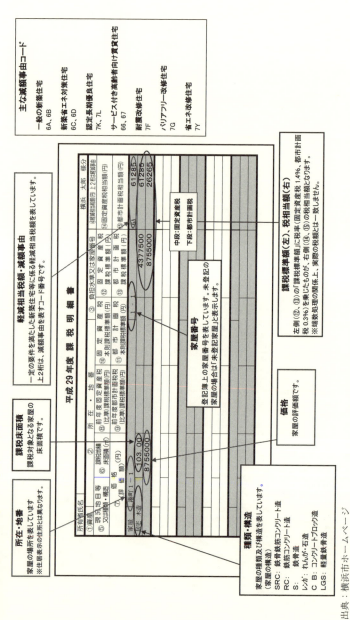

出典：横浜市ホームページ
http://www.city.yokohama.lg.jp/zaisei/citytax/shizei/pdf/kazeimeisai/h29meisai-2.pdf［平成30年2月1日確認］

第1章 固定資産税の課税明細書の確認

■課税明細書の見方 ③区分所有マンションの場合

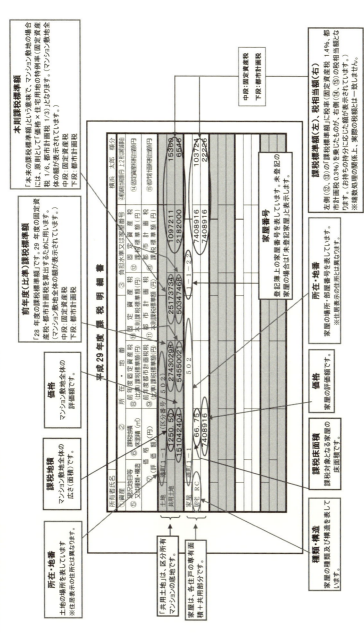

出典：横浜市ホームページ
http://www.city.yokohama.lg.jp/zaisei/citytax/shizei/pdf/kazeimeisai/h29meisai-3.pdf [平成30年2月1日確認]

【土地及び家屋の表記方法】

　固定資産税の課税明細書の所在・地番については，以下のように土地と建物で表記のルールが異なります。

① 固定資産の表記方法

表記方法	説　明
○○一丁目2番3	土地の場合に使用
○○一丁目2番地3	家屋の場合に使用

家屋の表記では，「○○番地」とされます。

② 住居表示

(A)　「住居表示に関する法律」に基づく住居表示を採用していない場合

表記方法	説　明
○○1丁目2番地の3	戸建住宅の例
○○1丁目2番地の3　××マンション401	アパート，マンションの例

土地の地番を用いて，「○○番地の○」と住所を表している市町村が多いように思われます。

(B)　「住居表示に関する法律」に基づく住居表示を採用している場合

表記方法	説　明
○○1丁目2番3号	戸建住宅の例
○○1丁目2番3-401号	アパート，マンションの例

政令指定都市では，京都市を除いて住居表示が実施されています。

　上記の横浜市の課税明細書の見本では，土地や家屋の所在地について，「港町1-1」とされていますが，土地については，「港町1丁目1番」，家屋については，「港町1丁目1番地」と表記すべきだと思います。

第1章　固定資産税の課税明細書の確認

【家屋の減額事由】
また，家屋の減額事由に記載されている制度の概要は以下のとおりです。

①　一般の新築住宅
　新築住宅が一定の要件を満たしている場合は，その住宅部分（120㎡までの部分に限る）にかかる固定資産税の2分の1の額が減額されます。（都市計画税は減額されません。）

〈減額される期間〉
- 3階建て以上の耐火住宅・準耐火住宅………新築後5年間
- 上記以外の住宅………………………………新築後3年間

②　新築省エネ対策住宅
　新築住宅のうち，「一定の省エネ基準」に適合する住宅の場合は，その住宅部分（120㎡までの部分に限る）にかかる都市計画税の2分の1の額が減額されます（本制度で減額となるのは都市計画税のみで，固定資産税は上記新築住宅の減額制度により減額されます。）。

〈減額される期間〉
- 3階建て以上の耐火住宅・準耐火住宅………新築後5年間
- 上記以外の住宅………………………………新築後3年間

③　認定長期優良住宅
　認定長期優良住宅を新築した場合，固定資産税が2分の1に減額される期間は以下のとおりです。

〈減額される期間〉
- 3階建て以上の耐火住宅・準耐火住宅………新築後7年間
- 上記以外の住宅………………………………新築後5年間

④ サービス付き高齢者向け住宅

　一定の要件を満たすサービス付き高齢者向け住宅である貸家住宅を新築した場合，その住宅部分（120㎡までの部分に限る）にかかる固定資産税の3分の2が新築後5年度分の間，減額されます。

　この減額は，新築住宅に対する減額措置に代えて適用されます。

⑤ 耐震改修住宅

　一定の耐震改修工事が行われ，かつ，改修が完了した日から3か月以内に市町村に申告したものに限り，改修後1年間，当該住宅（120㎡までの部分に限る）にかかる固定資産税額の2分の1（長期優良住宅の場合は3分の2）が減額されます。

⑥ バリアフリー改修住宅

　一定のバリアフリー改修工事を施し，かつ，改修が完了した日から3か月以内に市町村に申告した住宅に限り，改修工事が完了した翌年について，当該住宅（100㎡までの部分に限る）にかかる固定資産税額の3分の1が減額されます。

⑦ 省エネ改修住宅

　一定の省エネ改修工事が行われ，かつ，改修が完了した日から3か月以内に市町村に申告したものに限り，改修工事が完了した年の翌年度分について，当該住宅（120㎡までの部分に限る）にかかる固定資産税額の3分の1が減額されます。

3 課税明細書から検証する土地・家屋の評価のポイント

(1) 共有不動産【土地・家屋共通】

　固定資産税の課税明細書には，共有者がいる場合には，「山田太郎外〇名」などと記載され，共有不動産の存在が分かる表記になっています。しかし，固定資産税の課税明細書は，共有者の代表者へ通知されるだけなので，課税明細書の送付を受けない被相続人の相続税の申告では，共有不動産の申告漏れを生じる可能性があります。

　共有不動産は，固定資産評価証明書，固定資産名寄台帳，登記事項証明書などで，共有者やその持分などを確認することができます。

　ところで，税務署は，共有不動産の存在について，どのようにして把握するのでしょうか。

　人が亡くなると戸籍法86条により，親族などの届出義務者が，死亡の事実を知った日から7日以内（国外で死亡したときは，その事実を知った日から3か月以内）に，死亡者の死亡地・本籍地，又は届出人の所在地の市役所，区役所又は町村役場に届け出ることとされています。

　また，死亡届を受理した市町村は，その死亡情報について，相続税法58条に従い，当該市区町村を所管する税務署長に対して，翌月末までに通知することとされています（「58条通知」と呼ばれています）。

　通知するにあたっては，①被相続人の氏名・生年月日・職業・住所・本籍・死亡場所・相続開始の年月日・被相続人の世帯の主な仕事，②相続人の氏名・生年月日・住所，③被相続人の地方税（固定資産税・市町村民税）の課税標準と税額，④財産（所在場所・財産の種別・利用区分・数量・固定資産税評価額），⑤相続開始前3年以内の異動，などを記載することとされています。

　その通知を受けて，税務署では蓄積された情報を基に，総遺産額や基礎控除額等を推計することにより相続税の申告の必要性の有無を判定しているようで

す。相続税の申告が必要と思われる先には,「相続についてのお尋ね」が税務署から送付されたり,相続税の申告書も併せて送られてくることがあります。しかし,相続税は申告納税方式とされていることから,相続税の申告書などが送付されてこなかったからといって,申告しなくてもよいということではありません。

　これ以外にも,例えば,新聞に掲載される「死亡広告」なども相続税の課税資料として収集され,活用されます。

　上記の「58条通知」には,被相続人の所有していた不動産の情報も記載されていますので,共有不動産についても税務署は確認することができます。

戸籍法86条
　死亡の届出は,届出義務者が,死亡の事実を知った日から7日以内(国外で死亡があったときは,その事実を知った日から3か月以内)に,これをしなければならない。

相続税法58条(市町村長等の通知)
　市町村長その他戸籍に関する事務をつかさどる者は,死亡又は失踪に関する届書を受理したときは,当該届書に記載された事項を,当該届書を受理した日の属する月の翌月末日までにその事務所の所在地の所轄税務署長に通知しなければならない。

第1章　固定資産税の課税明細書の確認

■58条通知

提出用	■税務署長殿　　　　　　　　　　　　　　　　提出　■県■市長 印
	No.　　　　平成　年　月分相続税法第58条の規定による通知書

	戸籍係の受付番号	相続開始の年月日			続柄	氏　名	住　所
被相続人	フリガナ			相続人		（明・大・昭・平　年　月　日生）	
	氏　名	（明・大・昭・平　年　月　日生）				（明・大・昭・平　年　月　日生）	
	住　所					（明・大・昭・平　年　月　日生）	
	職　業	筆頭者かどうかの区分　筆・非				（明・大・昭・平　年　月　日生）	
	本　籍					（明・大・昭・平　年　月　日生）	
	死亡場所						
	被相続人の世帯の主な仕事	1・2・3・4・5・6					
届出人	氏　名					（明・大・昭・平　年　月　日生）	
	被相続人との続柄						
	住　所					（明・大・昭・平　年　月　日生）	

固定資産評価額	宅地	千円	税務署整理欄	1　有・無	（通報署名）
	農地			2　無資格事案	
	山林			（1）第1次選別	_____署
	家屋			（2）第2次選別	
	市区町村民税の課税標準	千円		3　要処理事案	（平　・　・　）

	所在場所	財産の種別	利用区分・構造	数量	固定資産税評価額	※倍数（単価）	※評価額
財産（平　・　・　現在）							
相続開始前3年以内の異動							
参考							

（注）1．※印欄には記載しないでください。
　　　2．記載事項については、この通知書への記載に代えて、関係資料を添付しても差し支えありません。
　　　3．「財産」欄には、先代名義の財産についても記載してください。なお、書ききれないときは適宜の用紙により記載してください。
　　　4．「固定資産税評価額」欄は地方税法第381条第1項及び第3項に規定する基準年度の価格又は比準価格を記載してください。
　　　5．「相続開始前3年以内の異動」欄は記載しなくても差し支えありません。

※市町村によっては窓口で入手可能。

15

(2) 固定資産税評価額が付されていない場合【土地・家屋共通】
① 土地の場合

　倍率方式により評価する土地について，国有財産の払下げを受けた直後に相続が開始したときなどで固定資産税評価額が付されていない場合，及び地目の変更等により現況に応じた固定資産税評価額が付されていないときには，その土地の現況に応じ，状況が類似する付近の土地の固定資産税評価額を基とし，付近の土地とその土地との位置，形状等の条件差を考慮して，その土地の固定資産税評価額に相当する額を算出し，その額に評価倍率を乗じて評価します。

　ただし，相続税等の申告書の提出期限までに，その土地に新たに固定資産税評価額が付された場合には，その付された価額を基として評価します。

② 家屋の場合

　新築直後に相続が発生するなど，固定資産税評価額が付されていない場合には，固定資産税評価額に基づいて評価することはできず，評価方法の定めのない財産として評価することになります。

　具体的な評価方法については，各国税局の「財産評価基準書」(家屋の部)に示されている「増改築等に係る家屋」の取扱いを参考として，一般的には，①当該家屋と状況の類似した付近の家屋の固定資産税評価額を基としてその付近の家屋との構造，経過年数，用途等の差を考慮して評定した価額により評価し，②ただし，状況の類似した付近の家屋がないときは，本件家屋の再建築価額(注)相当額から，本件家屋の建築から相続開始日までの期間の減価償却費累計額相当額を控除した価額の70％相当の価額によって評価することになります。

(注)　再建築価額を求める際に，解体撤去工事額を控除します。解体撤去工事額は，本体工事額に解体工事割合（改修費用のうちに，解体工事に要する費用の額の占める割合）を乗じて求めます（平成28年12月7日裁決）。

　ただし，相続税の申告期限までにその家屋に固定資産税評価額が付された場合は，当該固定資産税評価額を基に評価して差し支えありません。

なお，減価償却費累計額相当額は，財産評価基本通達89－2（文化財建造物である家屋の評価）の(2)に定める評価方法に準じて，再建築価額から当該価額に0.1を乗じて計算した金額を控除した価額に，その建物の耐用年数（減価償却資産の耐用年数等に関する省令に規定する耐用年数）のうちに占める経過年数（増改築等の時から課税時期までの期間に相当する年数（その期間に1年未満の端数があるときは，その端数は，1年とする））の割合を乗じて計算します。

（文化財建造物である家屋の評価）
財産評価基本通達89－2 文化財建造物である家屋の価額は，それが文化財建造物でないものとした場合の価額から，その価額に24－8《文化財建造物である家屋の敷地の用に供されている宅地の評価》に定める割合を乗じて計算した金額を控除した金額によって評価する。
　なお，文化財建造物でないものとした場合の価額は，次に掲げる場合の区分に応じ，それぞれ次に掲げる金額によるものとする。
(1)　文化財建造物である家屋に固定資産税評価額が付されている場合
　　その文化財建造物の固定資産税評価額を基として前項の定めにより評価した金額
(2)　文化財建造物である家屋に固定資産税評価額が付されていない場合
　　その文化財建造物の再建築価額（課税時期においてその財産を新たに建築又は設備するために要する費用の額の合計額をいう。以下同じ。）から，経過年数に応ずる減価の額を控除した価額の100分の70に相当する金額
(注)「経過年数に応ずる減価の額」は，再建築価額から当該価額に0.1を乗じて計算した金額を控除した価額に，その文化財建造物の残存年数（建築の時から朽廃の時までの期間に相当する年数）のうちに占める経過年数（建築の時から課税時期までの期間に相当する年数（その期間に1年未満の端数があるときは，その端数は1年とする。））の割合を乗じて計算することに留意する。

(3) 建物を所有していない場合で，その敷地が住宅用地として軽減適用を受けている場合【土地】

　土地と建物の所有関係は，課税明細書の土地と建物の所在地を突合することで，どの土地の上にその建物が建っているのかを確認することができます。

(例)

出典：101会『固定資産税の課税明細書から見つけ出す節税のヒント』（清文社）

　上記の例では，①の土地と③の家屋が一体となっていることが地番と家屋番号で確認できます。①の宅地は，「小規模，住宅」と記載され，住宅用地として固定資産税及び都市計画税が軽減されています。

　また，②の宅地も住宅用地として固定資産税等が軽減されていますが，宅地の上の建物を所有していません。したがって，②の土地所有者以外の者が建物を所有し，住宅として利用している宅地であると推測されます。

　この場合，②の土地の上の建物の所有者を確認し，賃貸借契約書，地代の有無，税務上の各種届出書などによって借地権の存在について確認をすることが欠かせません。

(4) 土地を同族会社に貸している場合【土地】

　個人が所有する土地を同族会社に貸借し，一定の法人の事業（貸付事業を除く）の用に供されているケースでは，小規模宅地等の特例の適用要件に注意が必要です。

(例)

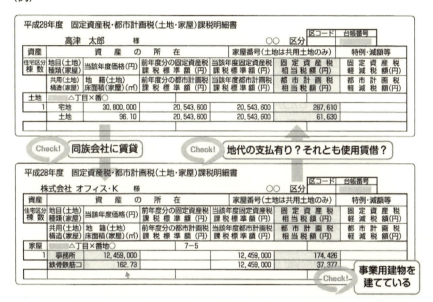

出典：101会『固定資産税の課税明細書から見つけ出す節税のヒント』（清文社）

　個人が所有する土地を一定の同族会社へ貸借する場合に，その法人の事業（貸付事業を除く）の用に供されていた宅地等で一定の要件を満たす場合には，特定同族会社※事業用宅地等として小規模宅地等の特例の適用を受けることができ，その宅地等のうち400㎡までの部分について相続税評価額は20％に減額されます。

　この小規模宅地等の特例の適用要件の１つに，「法人に宅地等を相当の対価で貸付していること」というものがあり，仮に無償で貸借している場合などでは，使用貸借となるため，小規模宅地等の特例を受けることができません。

なお，小規模宅地等の特例の適用要件を満たす賃料は，「相当の対価」とされ，地代から固定資産税等その収入を得るためにかかる必要経費を差し引き後に，相当の利益が残る額とされています。

※特定同族会社とは，相続開始の直前において，被相続人及び当該被相続人の親族その他当該被相続人と一定の特別の関係がある者が有する株式等の総数が当該株式等に係る法人の発行済株式等の総数の50％を超える法人をいいます。

[参考]

　個人地主が特定同族会社へ土地を貸借している場合に，特定事業用宅地等と貸付事業用宅地等への該当及び小規模宅地等の適用についての判定は次のとおりとなります。

（土地所有者：被相続人の場合）

① 「他に貸し付けられている場合」の取扱い

建物所有者	地代	判　定		
		特定事業用等	貸付事業用	適用外
特定同族会社	有償	○	－	－
特定同族会社	無償	－	－	○

② 「①以外の宅地等」の取扱い

建物所有者	地代	建物利用者	家賃	判　定		
				特定事業用等	貸付事業用	適用外
被相続人	－	特定同族会社	有償	○	－	－
被相続人	－	特定同族会社	無償	－	－	○
生計一親族	有償	特定同族会社	不問	－	○	－
生計一親族	無償	特定同族会社	有償	○	－	－
生計一親族	無償	特定同族会社	無償	－	－	○

出典：笹岡宏保『平成26年11月改訂　詳解小規模宅地等の課税特例の実務』（清文社）を筆者加工。

第1章 固定資産税の課税明細書の確認

(5) 非課税の土地も遺産分割の対象に【土地】

　固定資産税も相続税も非課税とされる通り抜け私道などであっても，遺産分割の対象としておかなければ，後々のトラブルの種のなることがあります。

■課税明細書（見本）

固定資産税　土地家屋　課税明細書

（表省略）

出典：101会『固定資産税の課税明細書から見つけ出す節税のヒント』（清文社）

　課税明細書Ⓐに示すように，課税地目が公衆用道路となっているケースや，私有道路については通り抜け道路に該当するなど一定の場合は，固定資産税が非課税となります。また，相続税においても通り抜けができる私道については非課税とされます。

　ただし，相続税においては，地目が公衆用道路であっても，袋小路のように，もっぱら特定の者の通行の用に供されているものについては非課税ではなく，通常の評価額の30％で評価されます。

　また，このような非課税の私道について，遺産分割協議を行わず相続登記もそのままで放置されているケースが見受けられます。しかし，私道であっても所有権があります。相続が発生した場合は，その私道部分についても遺産分割の対象としておかなければ，その土地の売却や収用等があった場合に，改めて

21

遺産分割協議を行い，相続登記を済ませないとその土地を譲渡等することができません。

その際に慌てて遺産分割を行おうとしても，対象となる相続人がすでに亡くなっている場合などでは，手続きが非常に複雑になると思われます。

また，⑬の都市公園用地については，無償貸付の場合は，固定資産税は非課税となりますが，相続税の評価においては非課税ではなく，一定の要件を満たすときは，通常の評価額の60％相当額で評価することとなります。

このような非課税の土地等についても，きちん遺産分割協議を行い，相続登記をしておくことが将来にトラブルの種を残さない方法です。

(6) 市街化区域に所在する宅地等【土地】

「固定資産税の課税明細書」や，「固定資産税の名寄台帳」には，都市計画税の課税標準額等の記載があります。

都市計画税が課税される地域は，都市計画区域のうち市街化区域（非線引き区域については条例等による）とされていることから，都市計画税が課されている土地は，市街化区域にあることが分かります。

① 市街化区域に所在する宅地及び雑種地以外の土地

市街化区域に所在する宅地及び雑種地以外の土地については，原則として固定資産税評価額に倍率を乗じて算定する方式で評価しますので，間口や奥行の距離など，土地の形状等の確認を要することなく，評価倍率表に定められた倍率を乗ずれば簡単に相続税評価額を求めることができます。

② 地積規模の大きな宅地の評価

宅地開発ができない市街化調整区域，工業専用地域，容積率400％（東京都の特別区は300％）以上の地域に所在する土地については適用ができません。

平成30年1月1日以後に開始した相続から，広大地評価は廃止し，代わりに地積規模の大きな宅地は，その宅地の通常の評価額に規模格差補正率を乗じて

評価することとしています。広大地評価においては、その宅地が広大地の要件を満たすか否かについては判断が難しく、課税上のトラブルに発展している事例が多く見受けられました。

　改正後は、地積、地区区分及び容積率を確認するだけで、簡単に適用対象宅地を判断することができます。

③　**広大地評価（平成30年1月1日以後開始相続から廃止）**
　市街化調整区域は市街化を抑制すべき区域で、原則として、周辺地域住民の日常生活用品の店舗や農林漁業用の一定の建築物などの建築の用に供する目的など、一定のもの以外は開発行為を行うことができない区域でした。そのため、市街化調整区域内の宅地は、原則として、広大地の評価を行うことはできませんでした。

■広大地と地積規模の大きな宅地の要件等の比較一覧表

名　称	広大地	地積規模の大きな宅地
評価方法	15（奥行価格補正率）から20－5（容積率の異なる2以上の地域にわたる宅地の評価）までの定めに代わるものとして「広大地補正率」を適用して計算	普通商業・併用住宅地区及び普通住宅地区(注2)に所在する土地で、通常の宅地の評価額（間口が狭小な宅地等についての補正を除く）に「規模格差補正率」を乗じて計算
補正率	広大地補正率＝0.6－0.05×（広大地の地積÷1,000㎡）。端数処理はしない。0.35が下限。	規模格差補正率(注3)＝{(Ⓐ×Ⓑ＋Ⓒ)÷地積規模の大きな宅地の面積Ⓐ}×0.8 （小数点以下第2位未満切捨て）
面積要件	三大都市圏500㎡以上，その他の地域1,000㎡以上，非線引き都市計画区域等3,000㎡以上	三大都市圏500㎡以上，その他の地域1,000㎡以上
倍率方式により評価する宅地	広大地補正率を適用して評価	普通住宅地区に所在するものとして，規模格差補正率を適用して評価
除外規定	①開発行為を行うとした場合に，公共公益的施設用地の負担が必要でないもの ②大規模工場用地(注1) ③中高層の集合住宅等の敷地用地に適しているもの（原則，容積率300％以上のもの） ④原則として市街化調整区域など	①市街化調整区域（開発行為を行うことができる区域を除く）に所在する宅地 ②工業専用地域に所在する宅地(注4) ③容積率400％（東京都の特別区は300％）以上の宅地(注5)
容積率の判定	基準容積率によって判定	指定容積率によって判定
市街地農地等	広大地の補正率のみを適用して評価する（造成費は控除できない）	地積規模の大きな宅地として評価した金額から造成費を控除して評価する
セットバック	広大地を適用する場合には適用なし	適用して評価する

(注1) 広大地評価の除外規定における大規模工場用地とは，財産評価基本通達22－2において，「一団の工場用地の地積が5万平方メートル以上のものをいう。ただし，路線価地域においては，14－2≪地区≫の定めにより大工場地区として定められた地域に所在するものに限る。」とされている。

(注2) 「普通商業地区」は，商業地域若しくは近隣商業地域にあって，又は第1種住居地域，第2種住居地域及び準住居地域若しくは準工業地域内の幹線道路（国県道等）沿いにあって，中低層の店舗，事務所等が連たんする商業地区を，「併用住宅地区」は，商業地区の周辺部（主として近隣商業地域内）又は第1種住居地域，第2種住居地域及び準住居地域若しくは準工業地域内の幹線道路（国県道等）沿いにあって，住宅が混在する小規模の店舗，事務所等の低層利用の建物が多い地区とされている。

また，「普通住宅地区」は，主として第1種低層住居専用地域及び第2種低層住居専用地域，第1種中高層住居専用地域及び第2種中高層住居専用地域，第1種住居地域，第2種住居地域及び準住居地域又は準工業地域内にあって，主として居住用建物が連続している地区とされている。

(注3) 規模格差補正率のⒷとⒸは次のとおり

　　　㋑　三大都市圏に所在する宅地

地積㎡ 地区区分 記号	普通商業・併用住宅地区，普通住宅地区	
	Ⓑ	Ⓒ
500以上　1,000未満	0.95	25
1,000　〃　3,000　〃	0.90	75
3,000　〃　5,000　〃	0.85	225
5,000　〃	0.80	475

　　　㋺　三大都市圏以外の地域に所在する宅地

地積㎡ 地区区分 記号	普通商業・併用住宅地区，普通住宅地区	
	Ⓑ	Ⓒ
1,000以上　3,000未満	0.90	100
3,000　〃　5,000　〃	0.85	250
5,000　〃	0.80	500

(注4) 地積規模の大きな宅地の評価における工業専用地域とは，都市計画法第8条に定められており，専ら工業の利便を図るための地域であり，どんな工場でも建てられるが，住宅・店舗・学校・病院・ホテルなどは建てられない。臨海部の港湾ゾーンや内陸部

の工業団地などに指定が多くある。路線価の区分では,「中小工場地区」と「大工場地区」の一部が該当する。

　「中小工場地区」は,主として準工業地域,工業地域又は工業専用地域内にあって,敷地規模が9,000㎡程度までの工場,倉庫,流通センター,研究開発施設等が集中している地区をいう。

　「大工場地区」は,主として準工業地域,工業地域又は工業専用地域内にあって,敷地規模がおおむね9,000㎡を超える工場,倉庫,流通センター,研究開発施設等が集中している地区又は単独で3万㎡以上の敷地規模のある画地によって形成されている地区(ただし,用途地域が定められていない地区であっても,工業団地,流通業務団地等においては,一画地の平均規模が9,000㎡以上の団地は大工場地区に該当する)をいう。

(注5)　地積規模の大きな宅地の適用要件のうち,容積率の判定については,指定容積率によって判定することとされている(週刊税務通信№3475)。

　「指定容積率」とは,建築基準法52条1項に規定する建築物の延べ面積の敷地面積に対する割合。一方,「基準容積率」とは,建築基準法52条2項の規定による割合で,前面道路幅員が12m未満の場合に,前面道路幅員に地域に応じた数値を乗じて計算する方法。

■広大地と地積規模の大きな宅地の補正率一覧表

地積（㎡）	広大地評価の補正率	地積規模の大きな宅地の規模格差補正率	
		三大都市圏	三大都市圏以外
500	0.575	0.80	－
1,000	0.550	0.78	0.80
1,500	0.525	0.76	0.77
2,000	0.500	0.75	0.76
2,500	0.475	0.74	0.75
3,000	0.450	0.74	0.74

(注)　地積規模の大きな宅地の場合には,各種補正(奥行価格・不整形地等の補正)ができることから,補正率の差に相当する額の評価額がそのまま高くなるわけではないことに留意してください。

(7) 建物の増改築が行われた場合に，固定資産税評価額が改訂されていないとき【家屋】

　増改築等に係る家屋の状況に応じた固定資産税評価額が付されていない場合の家屋の価額は，増改築等に係る部分以外の部分に対応する固定資産税評価額に，当該増改築等に係る部分の価額として，当該増改築等に係る家屋と状況の類似した付近の家屋の固定資産税評価額を基として，その付近の家屋との構造，経過年数，用途等の差を考慮して評定した価額（ただし，状況の類似した付近の家屋がない場合には，その増改築等に係る部分の再建築価額から課税時期までの間における償却費相当額を控除した価額の100分の70に相当する金額）を加算した価額（課税時期から申告期限までの間に，その家屋の課税時期の状況に応じた固定資産税評価額が付された場合には，その固定資産税評価額）に基づき財産評価基本通達89（家屋の評価）又は93（貸家の評価）の定めにより評価します。

　なお，償却費相当額は，財産評価基本通達89－2（文化財建造物である家屋の評価）の(2)に定める評価方法に準じて，再建築価額から当該価額に0.1を乗じて計算した金額を控除した価額に，その家屋の耐用年数のうちに占める経過年数（増改築等の時から課税時期までの期間に相当する年数（その期間に1年未満の端数があるときは，その端数は，1年とする））の割合を乗じて計算します。

(8) 法定耐用年数を経過した家屋の相続税評価額【家屋】

① 固定資産税における価格

　地方税法341条は，固定資産税における価格とは「適正な時価をいう」旨規定しています。建物等のように再建築見積価額を再調達原価として評価する方法によって適正な価額が算出できない場合には，固定資産税評価額をもって建物等の適正な価額とすることも合理性があると考えられます。なお，固定資産税評価額は，3年に一度の評価替えがあるため，その評価替えを行った年度以外の年度では，直近の時期における固定資産税評価額を基に，時の経過に伴う

所要の補正をし，補正後の固定資産税評価額相当額をもって建物等の適正な時価とすることが相当です。

また，一括取得した土地建物の取得価額算出方法として，固定資産税評価額は，総務大臣が定めた固定資産評価基準に基づき，土地の場合は路線価と同様に地価公示価格や売買実例等を基に評価され，建物の場合は再建築価額に基づいて評価されていますので，土地及び建物の時価を反映していると考えられるうえ，土地と建物の算出機関（市町村）及び算出時期が同一であることから，固定資産税評価額による按分法が合理的と認められます。

なお，建物本体と建物附属設備のそれぞれの取得価額については，建築時の工事費の割合が把握できる場合には，その工事費の割合を基に計算することが相当と認められます。

② 相続税評価額

相続税法22条（評価の原則）によれば，相続等により取得した財産の価額は時価による旨規定されています。財産評価基本通達1(2)「時価の意義」では，「財産の価額は，時価によるものとし，時価とは，課税時期において，それぞれの財産の現況に応じ，不特定多数の当事者間で自由な取引が行われる場合に通常成立すると認められる価額をいい，その価額は，この通達の定めによって評価した価額による」とされていることから，実務では，この財産評価基本通達によって計算した価額によって評価します。

家屋の価額は，その家屋の固定資産税評価額に1.0の倍率を乗じて計算した金額によって評価することとされています。

しかし，家屋の固定資産税評価額は，再建築価格に経年減点補正率を乗じて計算され，家屋が法定耐用年数を経過した場合でもその補正率は0.20が下限とされています。そのため，財産評価基本通達によって固定資産税評価額に倍率を乗じて計算した価額が，時価以上の評価額として算定される可能性が考えられます。

土地及び建物の価額については，財産評価基本通達を適用して評価すること

が著しく不適当と認められる特別の事情が認められない限り，家屋については，固定資産税評価額に倍率（1.0倍）を乗じて計算することにも留意して，適正に家屋の評価を行うことが肝要です。

(9) スケルトン貸しの場合【家屋】

　新築のテナントビルや店舗の賃貸において，建物の壁・柱・天井のみの状態（スケルトン）で引渡しを受ける方法は，入居者が内装・設備を自由に設計できることから，よく利用される方法です。

　その場合，テナントとしての入居者が自己の費用で内外装や電気，ガスなどの特定附帯設備（通常，家屋の評価対象となるもの）を施工します。その際，建物の所有者と，テナントとしての入居者が連名で「固定資産税における家屋と償却資産との分離申出書」を提出することにより，建物の所有者が負担する家屋の固定資産税とは分けて，テナントとしての入居者の償却資産として固定資産税を納付することができます。また，申出の内容に変更があった場合には，「分離申出書に関する異動・廃止等の届出書」の提出が必要になります。

① 償却資産の対象となる特定附帯設備の範囲
　　附帯設備：電気，給排水，衛生，ガス，空調，電話，防災，運搬等の建築設備など
　　その他：木造家屋の外壁，内壁，天井，造作，床又は建具
　　　　　　非木造家屋の外周壁骨組，間仕切骨組，外部仕上，内部仕上，床仕上，天井仕上，屋根仕上又は建具など

② 建物と特定附帯設備の所有関係別の取扱い

設備等の内容	建物と特定附帯設備の所有関係			
	同じ場合		異なる場合	
	家屋	償却資産	家屋	償却資産
電気設備	○			○
給排水・衛生設備	○			○
集中式の冷暖房，通風，ボイラー設備	○			○
昇降機設備	○			○
消火，排煙または災害報知設備及び格納式避難設備	○			○
エアカーテン，ドア自動開閉設備	○			○
金庫室の扉	○			○
固定間仕切り，床，壁，天井仕上	○			○

③ 相続税の申告における評価の注意点

　相続税の申告において，家屋を評価する場合，その家屋の固定資産税評価額を基礎として評価しますが，テナント貸ししている家屋については，テナントとしての入居者が特定附帯設備を自己負担している場合，その家屋の固定資産税評価額に，特定附帯設備の部分が含まれているかどうかに注意する必要があります。

第2章

土地評価に必要とされる資料の収集

　土地を評価する際には，現地視察によって現況を確認することが基本です。しかし，いきなり現地視察を行うのではなく，事前に相続人等から以下のような資料の提供を受け，机上で準備のできる資料を収集・確認してから現地視察をするようにすれば効率的に土地評価を行うことができます。
　そこで，この章では，土地評価にあたって収集すべき資料等について確認します。

1 土地情報の入手（登記情報提供サービスの利用）

　最寄りの法務局で，全国の土地に係る全部事項証明書（登記簿謄本）をはじめ，公図や地積測量図など，土地の評価に役立つ資料を入手することができます。また，登記情報提供サービスを利用することで，インターネットでも必要な情報を入手することが可能です。

　登記情報提供サービスを利用すると，以下の登記情報を，請求した時点のリアルタイムで表示・保存することができます。ただし，対象となる登記情報はコンピュータ化（電子データ化）されているものに限られますので，例えば，不動産登記情報の閉鎖登記簿は，管轄する登記所の登記事務がコンピュータ処理に移行された後に閉鎖された登記簿の情報のみ利用できます。コンピュータ化されていない登記情報については，法務局にて資料を入手しなければなりません。登記情報提供サービスの利用にあたっては，利用者登録が必要となります。

■提供される登記情報

情報名	内　容
不動産登記情報	全部事項・所有者事項（所有者の氏名・住所・持分）
地図情報	地図又は地図に準ずる図面（公図）
図面情報	土地所在図・地積測量図・地役権図面及び建物図面・各階平面図
商業・法人登記情報	履歴事項の全部・閉鎖事項の全部
動産譲渡登記事項概要ファイル情報及び債権譲渡登記事項概要ファイル情報	現在事項又は閉鎖事項の全部・それらの事項がない旨の情報

第2章 土地評価に必要とされる資料の収集

2 固定資産評価証明書と固定資産税名寄帳

(1) 固定資産評価証明書

固定資産評価証明書とは，固定資産税の課税価額である固定資産評価額を証明した書面のことです。固定資産税の課税明細書では把握できないものとして，以下のような内容の確認ができます（市町村によって様式などが異なるため，課税明細書でわかる場合もあります。）。

① 固定資産の共有者がいる場合のその者の持分

共有者の名前は市町村によっては記載されませんので，その場合には，登記事項証明書によって確認することになります。共有持分も登記事項証明書で確認ができます。

② 共有不動産や固定資産税が非課税とされている土地や家屋の明細

市町村によっては，固定資産評価証明書の交付申請をする際に，共有となっている土地や，固定資産税等が非課税とされている土地などについて，証明書に記載するよう申し出ないと，証明書への記載を省略するところもあります。

共有の不動産については，被相続人の単独所有の不動産とは別に固定資産税の課税明細書が作成されていますので，相続人等に対して有無を確認しておく必要があります。

なお，固定資産評価証明書を入手するには，相続人等が市町村の窓口に直接請求する以外にも，代理人が相続人等による委任状によって請求する方法，税務代理権限証書の「年分等」欄又は「その他の事項」欄に，固定資産の所有者である被相続人の氏名を記載することにより，交付を受けることができます（『税理士界』平成28年8月15日）。

(2) **固定資産税の名寄帳**

　固定資産税名寄帳（市町村によって名称は異なる）は，同一人が所有する固定資産（課税物件）を一覧表にしたもので，固定資産課税台帳の登録事項と同一の事項が記載されているので，名寄帳で，所有者，納税義務者，所在地，登記地目・地積，課税地目・地積，評価額，課税標準額，相当税額を確認することができます。

　証明可能年度は，現在の年度を含めて前5年度（市町村によって異なる）までとされています。

　固定資産税名寄帳には，法人名義の不動産は記載されませんので，注意が必要です。

第2章 土地評価に必要とされる資料の収集

■固定資産評価証明書（例：大阪市の見本）

証 明 書（土 地）

所有者	住所(所在地)	大阪市北区中之島1丁目3番20号				
	氏名(名称)	大阪 太郎			共有人数	外　1名

土地の所在		地目	地積(㎡)	平成27年度価格(円)	平成27年度課税標準額(円)
北区中之島1丁目3番20号	登記	宅地	300.00	¥92,700,000	固定資産税課税標準額　¥64,890,000 都市計画税課税標準額　¥64,890,000　①
	現況				
	登記	以　下	余　白		
	現況				
	登記				
	現況				
	登記				
	現況				
	登記				
	現況				

上記のとおり固定資産課税台帳に登録されていることを証明します。

備考	共有土地　持分1／2 共有物　持分2／3 1行目　上記所有者の専有部分に係る相当税額 　　固定資産税相当税額454,230円 　　都市計画税相当税額97,335円　　　① 氏名(名称)　大阪　太郎　持分2／3 氏名(名称)　大阪　花子　持分1／3　　② ①・・・申請書の「必要な付記事項」の 　　　「税額（公課証明）」をチェックした場合に記載します。 ②・・・申請書の「必要な付記事項」の 　　　「共有者氏名」をチェックした場合に記載します。

税証第 ○○ － ○○ 号　　　　　　大 阪 市 長　　　見本
平成 ○○年 ○○月 ○○日

出典：大阪市ホームページ
　　　http://www.city.osaka.lg.jp/zaisei/cmsfiles/contents/0000071/71318/2016hyouka.pdf ［平成30年2月1日確認］

3 不動産登記情報の確認事項

　土地の不動産登記情報の全部事項は，大きく分けて「表題部」・「甲区」・「乙区」から成っています。
　表題部では，土地の所在地，地目及び地積などを確認します。
　甲区では，土地所有者を確認します。共有の場合には，持分を確認します。現時点の持分を確認するためには，所有権保存に係る登記情報を基にして所有権移転の登記情報を勘案して自分で持分を割り出す必要があります。

■不動産登記情報（全部事項）の見本

2013/05/01　08:40　現在の情報です。

表　題　部	（土地の表示）	調製	余白		不動産番号	△△△△△△△△△△△△
地図番号	余白	筆界特定	余白			
所　在	△△△△区□□□一丁目				余白	
① 地　番	② 地　目	③ 地　　積　　㎡			原因及びその日付〔登記の日付〕	
1番2	宅地	300：00			1番から分筆〔平成20年10月14日〕	
所有者	△△△△区□□□一丁目1番1号　民　事　記　子					

権　利　部　（甲区）　（所　有　権　に　関　す　る　事　項）			
順位番号	登　記　の　目　的	受付年月日・受付番号	権　利　者　そ　の　他　の　事　項
1	所有権保存	平成20年10月15日 第△△△号	所有者　△△△△区□□□一丁目1番1号 　　　　民　事　記　子
2	所有権移転	平成20年10月27日 第△△△号	原因　平成20年10月26日売買 所有者　△△△△区□□□一丁目1番2号 　　　　法　務　太　郎

権　利　部　（乙区）　（所　有　権　以　外　の　権　利　に　関　す　る　事　項）			
順位番号	登　記　の　目　的	受付年月日・受付番号	権　利　者　そ　の　他　の　事　項
1	抵当権設定	平成20年11月12日 第△△△号	原因　平成20年11月4日金銭消費貸借同日設定 債権額　金4,000万円 利息　年2・6％（年365日日割計算） 損害金　年14・5％（年365日日割計算） 債務者　△△△△区□□□一丁目1番2号 　　　　法　務　太　郎 抵当権者　△△△△区□□□一丁目1番6号 　　　　株　式　会　社　〇〇　銀　行

　　＊　下線のあるものは抹消事項であることを示す。

出典：登記情報提供サービス　http://www1.touki.or.jp/pdf/APL40.pdf〔平成30年2月1日確認〕

第2章 土地評価に必要とされる資料の収集

　乙区では，抵当権などの権利の有無を確認します。抵当権が設定されている土地の所有者の財産目録を作成する際には，当該抵当権に係る債務の有無を確認しましょう。
　見本を例にとると，土地を評価するにあたって，次の情報を得ることができます。
(1)　所在地（地番）は「△△△△区□□□一丁目1番2」である。
(2)　地目は宅地である。
　登記されている地目が宅地ということです。評価は現況地目で行うため，あくまで参考情報となります。
(3)　地積は300.00㎡である。
　地目と同様に，あくまで登記されている地積です。現地調査等により実際の地積とは明らかに異なる場合には，実際の地積を用いて評価を行います。
(4)　平成20年10月14日に分筆によって新たに翌日15日に登記された土地である。
　分筆が行われた時期によっては残地処理（以前，分筆後の測量されなかった残りの土地）とされている場合があり，縄延び（実測の面積が登記簿記載面積よりも大きいこと）に注意が必要です。
(5)　分筆直後の所有者は民事記子であったが，平成20年10月27日に売買によって所有者が法務太郎に変わっている。現時点では当該土地の全部を法務太郎が所有している。
　共有の場合には，共有者が誰か，共有持分はいくらかなどを確認します。
(6)　平成20年11月12日に4,000万円の債権に係る抵当権が設定されている。
　抵当権者である株式会社○○銀行に対して借入債務を有していると考えられるので，財産のたな卸の際には債務残高の確認を忘れずに行うようにします。また，根抵当権設定者兼債務者が死亡した場合には，根抵当権の債務者変更登記は相続開始後6か月以内とされていますので，相続人等に対して注意を喚起しておかなければなりません。

　なお，建物の不動産登記情報には，建物の建築年月日も記載されています。

この情報により，昭和56年5月31日以前に建築されたもので，一定の要件を満たす「特定空き家」を譲渡した場合の特例の適用についても確認が欠かせません。

第2章　土地評価に必要とされる資料の収集

4　住宅地図

　路線価地域に存する土地は，国税庁のホームページの路線価図から，路線価などを基に評価することとされています。

　路線価図は，市販されている住宅地図をもとに作成されていますので，評価対象地を住宅地図上で確認して，その後，路線価図と照合するようにします。

　市販地図のうち，株式会社ゼンリンが発行している「ブルーマップ」には，住宅地図の上に，公図に基づく公図界，公図番号，地番がブルーで記載され，都市計画用途地域名，用途地域界，容積率，建ぺい率（一部の地区は日影規制・高度規制）も併記されていることから，最も多く利用されているものと思われます。住宅地図は，図書館で過去の分も含めて所蔵していますので，必要な箇所のコピーを入手できます。

　また，現地確認に赴く前に，「グーグルマップ」のストリートビューで確認しておけばよりスムーズな確認作業ができるでしょう。

■地図記号（一部）

記号	名称
■□■□■	JR線
┼─┼─┼─┼	JR線以外
∥ ∥	田
∨	畑
⌐ ¬	墓地
⊓	高塔（送電線の鉄塔など）
ⅠⅠⅠ	荒地（雑草が生えた土地や湿地，沼地など）

出典：国土地理院

国土地理院が地図記号を定めていて，多くの住宅地図はその凡例にならっているものと思われます。

　住宅地図を精査すると，その土地の相続税評価を行う場合のヒントが見えてきます。

① 周辺の地域において路地状開発が行われているか否か
　→ 広大地評価，地積規模の大きな宅地の評価
② 新旧の住宅地図の比較による，過去のその周辺の土地の開発状況
　→ 広大地評価，地積規模の大きな宅地の評価
③ 墓地・鉄路の有無
　→ 利用価値の著しく低下している宅地
④ 道路の状況
　→ 都市計画道路予定地・セットバックなど
⑤ 土地の利用の状況
　→ 土壌汚染地
⑥ 農地・湿地
　→ 地盤改良費
⑦ 建物の建築状況
　→ 市街化区域又は市街化調整区域

コラム　現地の写真

　不動産の財産評価においては，現地に赴き現況確認することも欠かせません。その際，現地の写真を撮るポイントは以下のようなものです。
① その土地が面している道路の状況を多方面から撮影する
② 建物がある場合には，建物の状況（増改築の有無，賃貸の状況，未登記建物がないかなど）が分かるように撮影する
③ 評価すべき不動産の周辺の状況が分かるようにいろいろな角度から撮影する
④ 境界杭などがある場合には，その位置を撮影する

5 地図等

住宅地図以外に公的な地図には，以下のようなものがあります。

(1) 公図（地図に準ずる図面）

公図とは旧土地台帳法の「登記所には，土地台帳の外に，地図を備える」という規定により，登記所が保管している土地台帳附属地図のことです。そのうちの大多数のものは，従来税務署において租税徴収のための資料として保管していたものですが，昭和25年に台帳事務が登記所に移管されたことに伴い，土地台帳とともに登記所に移されました。

公図の多くは，明治時代の地租改正に伴い作製されたもので，明治時代の技

■公図（見本）

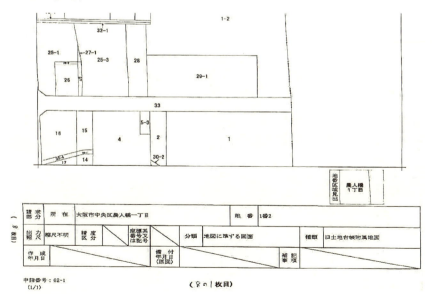

出典：登記情報提供サービス

術では正確な測量が難しかったり，また，徴税の参考資料として作製されたという背景もあり，現況とは一致しないことがあります。

ただし，公図の他に土地の位置や形状を示す公的な資料がない地域では，土地の大まかな位置や形状を明らかにできる点で資料価値があるため，現在も利用されています。

現在，地籍調査という事業が実施され，公図を正確な地図（不動産登記法14条所定の地図）へ置き換える作業が進められています。暫定的処置として，公図は「地図に準ずる図面」として登記所に保管されています。

(2) 地図（不動産登記法14条地図）

現在，日本全国の土地を測り直す地籍調査を行うことにより，正確な図面の作製が順次進んでいます。地籍調査とは，国土調査法に基づき，主に市町村が主体となって，土地の所有者，地番，地目を確認し，境界の位置と面積を測量する調査です。地籍調査が行われることにより，その成果は登記所にも送られ，登記簿の記載が修正され，地図が更新されることになります。地籍調査では，所有者の立会を得て，地番・地目を確認し，境界を定めて測量されます。これにより作製された図面を地籍図といい，通常「法14条地図」として扱われています。

国土交通省が公表している「全国の地籍調査実施状況について」によると，平成28年3月末現在，地籍調査の進捗率は全国で52％となっています。土地が細分化され権利関係が複雑な都市部では24％，高齢化が進展している山村部（林地）では45％となっていて，進捗率が低くなっていると報告されています。

法14条地図は，1筆又は2筆以上の土地ごとに作製し，各土地の区画を明確にし，地番を表示するものでなければならず，正確な測量及び調査に基づいて作製することとしています。この地図は公共基準点を基点として境界を測量するもので，必ず筆界点1点ごとの座標値と共に管理され，災害等により土地の位置や区画が不明確になっても境界を復元することが可能となります。縮尺は原則として500分の1により作製されます。

第2章　土地評価に必要とされる資料の収集

■法14条地図（見本）

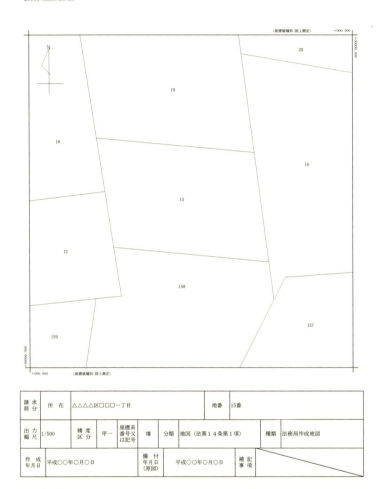

出典：登記情報提供サービス　http://www1.touki.or.jp/pdf/APL45.pdf［平成30年2月1日確認］
※精度区分とは，誤差の限度の区分をいい，その適用の基準は，国土交通大臣が定めることとされています。市街地地域については，国土調査法施行令別表第5に掲げる精度区分甲二（筆界点の位置誤差，公差甲一は6cm，甲二は，20cm）までとされています。

(3) 地籍図

　土地の地番は住居表示とは異なる所在地情報であるため，地番だけでは当該土地の路線価を調べるのに必要となる地図上の土地の所在地が分からないことがあります。そこで，前述の公図を用いて土地のおおまかな所在を確認することとなります。

　しかし，相続税の申告をするならば手数料を負担して公図を入手するべきと考えますが，財産のたな卸を概算で行いたいといった場合には，わざわざ公図を入手するというのも面倒です。そういった場合に，市町村が所有している地籍図（地番図）を利用する方法があります。

■地籍図（見本：大阪市中央区本町3丁目）

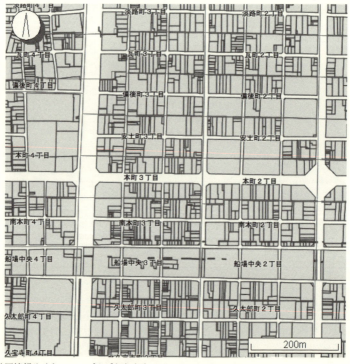

出典：地図情報サイト　マップナビおおさか
　　　https://www.mapnavi.city.osaka.lg.jp/webgis/?mp=19&vlf=　[平成30年2月1日確認]

第2章　土地評価に必要とされる資料の収集

　地籍図とは，市町村が土地に対して固定資産税を課税する際に利用する地番の配置図です。公図と同じような使い方をすることにより，土地の所在を確認することができます。

　一部の市町村では地籍図をインターネット上で公開しており，誰でも閲覧できることから，簡単に土地の所在を調べることができます。インターネット上に地籍図を公開していない市町村でも，市役所の固定資産税課の窓口で閲覧をすることができます。

(4)　白地図

　農地や山林などは，対象地積が広大であることが多いことから「白地図」が有用です。

　白地図は，インターネットで専門業者から入手（有料）できます。市町村によっては無料で開示しているところもあります。

　例えば，奈良市の場合，白地図と合わせて航空写真も公表しています。

■白地図（見本）

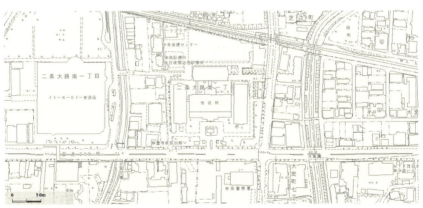

出典：奈良市都市計画情報公開システム（地図）
　　　https://www.sonicweb-asp.jp/nara/map?theme=th_2　［平成30年2月1日確認］

コラム　全国地価マップ（https://www.chikamap.jp/）

　財団法人資産評価システム研究センター（https://www.recpas.or.jp）が公表しているデータで，無償でインターネットから以下のデータを入手することができます。

① 　固定資産税路線価等データ

　各市町村が一般に公開した地域ごとの宅地の標準的な価格のデータを，市町村からデジタルデータとして提供を受けて，そのまま公開しています。固定資産税路線価は，公示地価の70％を目途に設定されています。

② 　相続税路線価等データ

　全国の国税局から公表された，相続税等に係る課税価格計算のための路線価及び評価倍率のデータを，公開しています。路線価は，公示地価の80％を目途に設定されています。

③ 　地価公示価格データ

　国土交通省土地鑑定委員会から公示された，1月1日現在の地価公示地点及び地価公示価格等のデータを，公開しています。公示地価とは，国土交通省が毎年実施する1月1日時点の土地価格のことで，一般の土地の取引価格に対し指標を与えるとともに，公共用地の取得，国土利用計画法に基づく土地取引価格の判断基準として公表しています。公示地価は，毎年3月の下旬頃に公表されることから，7月に発表される路線価の動向を先行して探ることが可能です。

④ 　地価調査価格データ

　各都道府県から公表された，7月1日現在の宅地の地価調査地点及び地価調査価格等のデータを，公開しています。地価調査は毎年9月下旬頃に公表されることから，翌年の路線価の変動を予測することに役立ちます。

■固定資産税路線価（大阪府枚方市杉山手3丁目　平成29年度）

(5) 路線価図

　路線価は，路線（道路）に面する標準的な宅地の１㎡当たりの価額（千円単位で表示）のことであり，路線価が定められている地域の土地等を評価する場合に用います。なお，路線価が定められていない地域については，評価倍率表を用います。

■相続税の路線価図

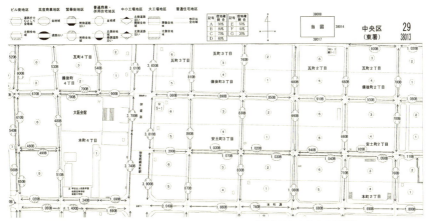

出典：国税庁ホームページ　http://www.rosenka.nta.go.jp/　［平成30年２月１日確認］

■相続税の評価倍率表

平成29年分　　倍　率　表　　　　　　　　　　　1頁

市区町村名：豊能郡豊能町　　　　　　　　　　　　　　　　豊能税務署

音順	町（丁目）又は大字名	適用地域名	借地権割合	固定資産税評価額に乗ずる倍率等					
				宅地	田	畑	山林	原野	牧場	池沼
			%	倍	倍	倍	倍	倍	倍	倍
か	川尻	農用地区域			純 3.4	純 3.8	—	—		
		上記以外の区域	30	1.1	中 5.2	中 5.7	純 7.6	純 7.6		
き	木代	農用地区域			純 3.8	純 4.1	—	—		
		上記以外の区域	30	1.0	中 4.9	中 5.8	純 7.7	純 7.7		
	希望ケ丘1～6丁目	全域	50	1.1	—	—	比準	比準		
	切畑	農用地区域			純 3.2	純 3.1	—	—		
		上記以外の区域	30	1.1	中 4.4	中 3.8	純 10	純 10		
こ	光風台1～6丁目	市街化区域	50	1.1	—	—	比準	比準		
		市街化調整区域	40	1.1	—	—	純 28	純 28		

出典：国税庁ホームページ　http://www.rosenka.nta.go.jp/　［平成30年2月1日確認］

コラム　特定路線価

　特定路線価は財産評価基本通達14－3により，その特定路線価を設定しようとする道路に接続する路線及びその道路の付近に設定されている路線価を基に，その道路の状況，地区の別等を考慮して税務署長が評定することとされています。

　そこで，路線価地域内において，路線価の設定されていない道路のみに接している土地を評価する必要があるときは，特定路線価の設定の申出をすることができます。ここでいう「道路」とは建築基準法上の道路で，建物の建築が可能な道路をいいます。

　この特定路線価の設定の申出は，「特定路線価設定申出書」に必要事項を記載して，納税地の所轄税務署長に提出します。特定路線価が設定されると，特定路線価を使用してその土地を評価しなければなりません。

　そのため，無道路地として評価したほうが有利か否かについては，特定路線価設定申出書を提出する前に判断しなければなりません。

　平成24年11月13日裁決によれば，特定路線価は，近隣の路線価とその近隣の固定資産税路線価との割合を，特定路線価を設定しようとする固定資産税路線価に乗じて算定しています。

第2章 土地評価に必要とされる資料の収集

■特定路線価設定申出書

整理簿
※

平成___年分　特定路線価設定申出書

※印欄は記入しないでください。

（税務署受付印）

_____税務署長

平成___年___月___日　　申出者　住所(所在地)　〒_____
　　　　　　　　　　　　　　　(納税義務者)

　　　　　　　　　　　　　　　氏名(名称)_____　印

　　　　　　　　　　　　　　　職業(業種)_____電話番号_____

　相続税等の申告のため、路線価の設定されていない道路のみに接している土地等を評価する必要があるので、特定路線価の設定について、次のとおり申し出ます。

1	特定路線価の設定を必要とする理由	☐ 相続税申告のため（相続開始日___年___月___日） 　　被相続人　住所_____ 　　　　　　　氏名_____ 　　　　　　　職業_____ ☐ 贈与税申告のため（受贈日___年___月___日）
2	評価する土地等及び特定路線価を設定する道路の所在地、状況等	「別紙　特定路線価により評価する土地等及び特定路線価を設定する道路の所在地、状況等の明細書」のとおり
3	添付資料	(1) 物件案内図（住宅地図の写し） (2) 地形図(公図、実測図の写し) (3) 写真　　撮影日___年___月___日 (4) その他　[　　　　　　　　　　　]
4	連絡先	〒 住　所_____ 氏　名_____ 職　業_____電話番号_____
5	送付先	☐ 申出者に送付 ☐ 連絡先に送付

＊　☐欄には、該当するものにレ点を付してください。

（資9－29－A4統一）

出典：国税庁ホームページ　http://www.nta.go.jp/shiraberu/zeiho-kaishaku/sozoku/kaisei/060214/pdf/06/06-01.pdf［平成30年2月1日確認］

6 地積測量図

　地積測量図は，一筆の土地の地積に関する測量の結果を明らかにする図面で，申請書に記載された地積の表示について，その計算根拠を明確にするとともに，地図によって表現できない各種の土地の細部の状況をより正確に特定し公示することを目的として作成されます。

　これは，土地の表示登記，地積の変更・更正登記，分筆登記等の登記申請をする場合，その土地の筆界を測量した結果に基づいて作成し，登記申請書に添付するものであり，これらの登記が実行されることにより，登記所に原則として永久に備え付けられるものです。

■地積測量図

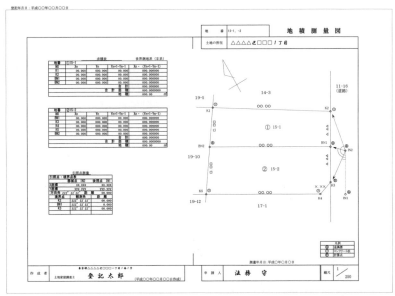

出典：登記情報提供サービス　http://www1.touki.or.jp/pdf/APL46.pdf［平成30年2月1日確認］

第2章　土地評価に必要とされる資料の収集

　このように永久に保存される地積測量図は，現地において境界点を公証する資料として重要な役割を果たしています。法務局へ登記申請をした経緯のある土地でなければ，地積測量図は存在しません。

　地積測量図には，確定測量図（境界が確定している確定図）と，現況測量図（境界が確定していない現況図）とがあります。土地の物納をする場合には，確定測量図の添付が必要となりますが，相続財産の評価額を求める場合には，原則として登記された地積を用いることが多く，測量図は形状などに基づく各種補正を行う場合に主として利用されますので，現況測量図があればその目的は達成できます。

　地積測量図がない場合には，その土地上に建物が建っていて，建物図面があればその敷地についても簡易測量などが行われていますので，建物図面の提供を受けるようにします。簡易な測量であっても，税理士が巻尺などで測量する

■**建物図面／各階平面図（見本）**

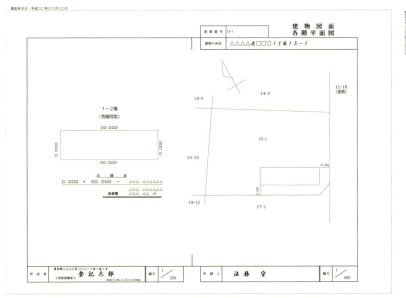

出典：登記情報提供サービス　http://www1.touki.or.jp/pdf/APL47.pdf［平成30年2月1日確認］

よりも精度の高いものと思われます。

　また，登記済権利証書を確認すると測量図面や分筆図面，売買契約書などが一緒に保管されていることがあります。売買契約書がある場合には，取得した土地等に関する重要事項説明書も添付されていることもあり，売買が行われた当時の法令上の規制などについても容易に確認することができ，課税時期における土地等に関する法令規制を確認する際の参考になります。測量図面などが添付されていれば土地評価のための作業はかなり軽減されます。

　なお，売買契約書が残されていると，その不動産を相続した人は被相続人の取得費を引き継ぐことになるため，相続後にその不動産を譲渡する場合の取得費（譲渡価額の5％以上である場合）を確認することができます。

コラム　縄延びがある場合

　財産評価基本通達8（地積）では，「地積は，課税時期における実際の面積による」とされています。実務では登記面積によって評価することが多いと思われます。

(1) 公簿地積と実際の地積

　財産評価基本通達において，土地の地積を「実際の地積」によることとしているのは，台帳地積（公簿地積）と実際地積とが異なるものについて，実際地積によることとする基本的な考え方を打ち出したものです。実務上，郊外の農地及び山林などのように一般に縄延びがあると予想されるものを除き，土地の登記簿謄本に記載されている地積（公簿地積）により評価していることが多いのが現実です。

　しかし，測量図面などがある場合や，相続後，申告期限までに売却又は物納する場合で，公簿と実際の地積が異なる場合には当然，実際の地積によって土地を評価することとなります。

　相続税の申告書を提出した後においても，公簿と実際の地積が異なることが判明した場合には修正申告書などの提出を求められることもあり，延滞税などの負担が生ずることとなるので，特段の注意を払う必要があります。

　以上のことから，縄延びが予想される土地については，事前に所轄税務署などで確認を行い，また，測量図面がある土地についても，実際の地積によって申告するように，十分注意する必要があります。

(2) 残地求積

　改正不動産登記法の施行に伴い関連する政省令等が改正され，この中で，旧不動産登記法事務取扱手続準則123条のただし書きがなくなり，分筆登記における「残地」も「特別な事情がない限り」求積することが不動産登記法事務取扱手続準則72条により定められました（平成17年3月7日施行）。

　土地の分筆登記を行うにあたり，公簿から求積地の面積を引くことによって求める残地求積が原則禁止になり，分筆後のすべての土地について境界確定及び求積を行うことが義務づけられました。これにより，分筆後の全筆について地積測量図の精度が高まったといえます。

　ただし，山林等の広大な土地の一部を分筆する場合においては，全体の境界を明確にすることは，当該労力，費用及び時間からみて困難であるため，現実的でない可能性が高いと思われます。したがって，こうした「特別の事情がある場合」には，法務局と相談のうえ，分筆する部分のみを測量し，残地部分は公図等を参照して作製した地積測量図を提出することにより，分筆を受理され

る場合もあります。
　残地求積の問題点を設例で確認しておきます。
【設例】

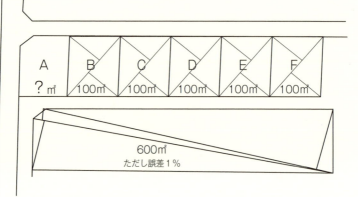

　Aの土地の面積を求積するときに、Aを含む全体の面積から分筆したB〜Fの面積を引いて計算します。
　Aの寸法が分からなくても全体の形状とB〜Fの形状が分かれば、Aの面積は計算できます。しかし、全体の区画面積の誤差が、残地であるAに集中してしまうことになります。
　全体で、登記簿上は600㎡、実際は誤差1％があるとしましょう。B〜Fは正確に100㎡あるとします。そうするとAの面積は、計算上は100㎡だったとしても、実際はプラスマイナス6㎡、94㎡〜106㎡ということになります。全体では1％の誤差が残地に集中して6％の誤差になってしまうのです。

(3)　**倍率方式によって評価する場合**
　土地の価額は、課税時期における実際の面積に基づいて評価します。ところで、固定資産課税台帳に登録されている地積は、原則として、公簿地積とされていますから、実際の面積と異なる場合があります。このような土地を倍率方式により評価する場合には、土地の実際の面積に対応する固定資産税評価額を仮に求め、その金額に倍率を乗じて計算した価額で評価する必要があります。
　この場合、仮に求める固定資産税評価額は、特に支障のない限り次の算式で計算して差し支えありません。

$$その土地の固定資産税評価額 \times \frac{実際の地積}{固定資産課税台帳に登録されている地積}$$

7 賃貸借契約書の提示を受ける

　所有する不動産を，賃貸している場合があります。この場合には，賃貸借契約書を入手して賃貸の諸条件を確認する必要があり，相続税の申告書への添付資料として賃貸契約書の写しを取っておくようにします。

　また，相続発生時に空室となっている場合には，貸家やその敷地の相続税評価額の算定における賃貸割合に影響するので，相続発生前後の賃貸状況を確認する必要があります。その場合，すべての部屋の賃貸状況を時系列で一覧表にまとめてみると分かりやすくなります。

　さらに，敷金や預かり保証金などで退去に伴い返金すべき金額については相続財産から債務控除することができますので，漏れのないように把握しなければなりません。

　定期借地権により土地を貸している場合には，残存期間の確認や保証金などの確認も必要です。

　また，賃料については，課税時期（相続開始の日）において，その支払いについての権利義務が具体的な債権債務として確定し，存在しているものに限って，相続財産上の財産債務として認識することとなります。この場合，各月分の家賃の支払いが具体的な債権債務として確定しているかどうかは，当事者の約定又は慣行によるその支払時期において判定することになります。例えば，一般に，家賃の支払いについて，当月分の支払時期を当月末日とするような「後払い方式」と，当月分の支払時期を前月末日とするような「先払い方式」がありますが，家賃の支払時期は当事者の定めるところによるので，当月分の家賃の収受権は，後払い方式による場合は当月末日にその全額について確定し，先払い方式による場合は前月末日にその全額について確定することになります。

　土地の貸借については，賃貸借契約書がないことも少なくありません。第三者間の土地貸借である場合には，一般的に地代の授受が行われていると考えら

れることから，普通借地権が設定されている土地と判定される事例が多いと思われます。しかし，特殊関係者間の土地貸借の場合には，権利金の支払の有無，地代の授受に関する事実関係などを確認し，借地権の有無について慎重に判定しなければなりません。

(注) 土地貸借が平成4年8月1日以後に行われたものである場合には，借地借家法が適用され，それ以前の場合には旧借地法が適用されます。また，土地貸借が定期借地権によるものか，普通借地権によるものかについても確認が必要です。

なお，借地権の有無については，国税庁が昭和48年11月に公表した「使用貸借通達」の検討も欠かせません。

使用貸借通達は，次の場合についてその取扱いを定めています。

① 使用貸借による土地の借受けがあった場合
② 使用貸借による借地権の転借があった場合
③ 使用貸借に係る土地等を相続又は贈与により取得した場合
④ 使用貸借に係る土地等の上に存する建物等を相続又は贈与により取得した場合
⑤ 借地権の目的となっている土地を当該借地権者以外の者が取得し地代の授受が行われないこととなった場合
⑥ 経過的措置－土地の無償借受け時に借地権相当額の課税が行われている場合
⑦ 経過的措置－借地権の目的となっている土地をこの通達の施行前に当該借地権者以外の者が取得している場合

コラム　賃貸割合

　評価通達26及び93は，貸家及び貸家建付地の評価額につき，借地権割合及び借家権割合に基づいて一定の減価補正をする場合に，賃貸割合を乗じています。

　これは，相続税法第22条所定の相続開始時の時価とは，相続により財産を取得した日において，それぞれの財産の現況に応じ，不特定多数の当事者間で自由な取引が行われる場合に通常成立すると認められる価額をいうものと解されるうえに，相続財産である貸家について，相続開始時点においていまだ賃貸されていない部屋が存在する場合は，当該部屋の客観的交換価値はそれが借家権の目的となっていないものとして評価すべきであり，また，当該貸家の敷地すなわち貸家建付地についても，当該部屋には借家権の負担がないものとして評価すべきであるとの趣旨に基づくものと解されているからです。

　そこで，課税時期において空室となっている家屋及びその敷地の賃貸割合について検証します。

A論：空室期間は概ね1か月で判断する

　賃貸割合の算出にあたり，賃貸されている各独立部分には，継続的に賃貸されていた各独立部分で，課税時期において，一時的に賃貸されていなかったと認められるものを含むこととして差し支えない旨を質疑応答事例で示しています。これは，継続的に複数の者の賃貸の用に供されている建物等において，相続開始時にたまたま一時的に空室が存したような場合，原則どおり賃貸割合を算出することが，不動産の取引実態等に照らして必ずしも実情に即したものといえないことがあるものとして，これに配慮したものと解されています。

　賃貸されていなかった期間が一時的といえるかどうかについては，空室の期間が課税時期の前後の例えば1か月程度であったかどうかで判断するべきであると考えられます。

　そこで，A論によれば，課税時期において，アパート等の一部に借家人がいる場合には，貸家及び貸家建付地として，それぞれ次の算式により評価されます。

〈算式1〉

貸家建付地の価額 ＝ 自用地としての価額 － 自用地としての価額 × 借地権割合 × 借家権割合 × 賃貸割合

　これら算式における「賃貸割合」は，その貸家が構造上区分された数個の部分（各独立部分）からなっている場合において，次の算式により算定します。

〈算式2〉

賃貸割合 ＝ Aのうち課税時期において賃貸されている各独立部分の床面積の合計(B) / その貸家の各独立部分の床面積の合計(A)

国税庁の質疑応答事例によれば，この割合の算定にあたって，継続的に賃貸されてきたもので，課税時期において，一時的に賃貸されていなかったと認められる各独立部分がある場合には，その各独立部分の床面積を，賃貸されている各独立部分の床面積(B)に加えて賃貸割合を計算して差し支えないとしています。

　アパート等の一部に空室がある場合の一時的な空室部分が，「継続的に賃貸されてきたもので，課税時期において，一時的に賃貸されていなかったと認められる」部分に該当するかどうかは，その部分が，①各独立部分が課税時期前に継続的に賃貸されてきたものかどうか，②賃借人の退去後速やかに新たな賃借人の募集が行われたかどうか，③空室の期間，他の用途に供されていないかどうか，④空室の期間が課税時期の前後の例えば1か月程度であるなど一時的な期間であったかどうか，⑤課税時期後の賃貸が一時的なものではないかどうかなどの事実関係から総合的に判断する，としています。

　なお，課税時期において空室になっている以下のような家屋及びその敷地については，概ね1か月以内に賃貸契約を締結しても，空室部分については賃貸割合を考慮しないこととなる（その部分は自用地及び自用家屋となる）ため，注意が必要です。
① 独立家屋及びその敷地
② 新築した賃貸建物で課税時期において空室となっている部分
③ 建築中の家屋のその敷地

B論　空室期間は概ね1か月は単なる例示

　課税時期前後における空室期間のみをとらえて，一時的に空室か否かを判断することは相当ではなく，賃貸の意図をもって経常的に維持・管理を行い，賃借人の募集業務を継続して行っていること，建物の近隣の周辺には，マンション等の共同住宅が林立していて，空室が発生したからといって速やかに新入居者が決定するような状況ではなかったことなどの諸事情も総合勘案して判断すべきであると考えられます。

　賃貸割合について争われた，平成20年以後の4つの裁決例から，空室数や空室期間をまとめたものが以下の表です。

	A論		B論	
裁決年月日	H21.3.25	H26.4.18	H20.6.12	H21.10.13
審判所	大阪	大阪	高松	沖縄
部屋数	18室	107室	20室	9室
空室数	9室	33室	4室	1室

空室率	50%	31%	20%	11%
空室期間	18か月〜42か月	4か月〜96か月	2か月〜23か月	9か月

　4つの事例に共通することは，賃貸の意思を持って経常的に維持・管理を行い，賃借人の募集業務を継続している点です。また，建物の近隣の周辺には，マンション等の共同住宅が林立していて，空室が発生したからといって速やかに新入居者が決定するような状況ではなかったことも共通しています。

　一時的に賃貸されていなかったと認められない裁決例（A論）では，①空室率が高い又は空室数が多い，②課税時期前後の空室期間が相当長期にわたるものが多くある点が共通点です。

　一方，1か月を超える空室があっても，一時的に賃貸されていなかったと認められる場合（B論）では，空室率も低く，空室期間も短いものが多くあります。

　一時的とは，辞書によると，「その時かぎり。少しの間だけ」という意味です。また，最高裁判決（昭和36年10月10日）によれば，一時使用のための賃貸借といえるためには，その期間の長短だけを標準とするのではなく，賃貸借の目的，動機，その他諸般の事情から客観的に判断されるとしています。以上のことから，賃貸割合の判定については，空室率が低く，相続税の申告期限までに新たな賃借人が決まるなどの状況にあれば，一時的な空室と判断してもよいのではないかと考えます。

　なお，国税庁の質疑応答事例による空室の期間が1か月程度というのは，単なる例示と筆者は考えますが，課税時期において空室率が高い事案や空室数が多い場合には，慎重な判断が求められます。

> **最高裁昭和36年10月10日判決**
> 　借家法8条の一時使用のための賃貸借といえるためにはその期間の長短だけを標準として決せられるべきものではなく，賃貸借の目的，動機，その他諸般の事情から，賃貸借契約を短期間内に限り存続させる趣旨のものであることが，客観的に判断される場合であればよいのであり，その期間が1年未満の場合でなければならないものではない。

8　税務署への土地の権利関係の届出書の確認

　特殊関係者間における土地貸借において，所轄税務署長に以下のような届出書などを提出している場合があります。それらの事実関係を確認しておかなければ正しい評価額を算定することができません。

(1) 「土地の無償返還に関する届出書」

　法人が借地権の設定等により他人に土地を使用させた場合で，その借地権の設定等に係る契約書において将来借地人等がその土地を無償で返還することが定められている場合に，土地所有者の納税地の所轄税務署長にこれを届け出る手続です。この届出を行っている場合には，権利金の認定課税は行われないこととなります。

　この届出書において，留意すべき点は，土地の無償返還の契約において，地代の収受などの状況により「借地権の設定等」又は「使用貸借契約」のいずれの区分に該当するかで，当該土地評価や同族法人の自社株評価に差異が生ずることになります。

■無償返還方式における相続税評価額

区　分	相続税評価額	
	賃貸借の場合	使用貸借の場合
借　地　権	零	零
同族会社の株価の計算上純資産価額に加算される金額	自用地評価額×20％ (注1)	零
貸　宅　地	自用地評価額×80％ (注2)	自用地評価額

（注1）同族会社が，同族の地主から土地を借りていても，被相続人自身がその地主（土地所有者）でなければ，被相続人の株式評価では，自用地評価額×20％を純資産価額に

加算する必要はありません。また，借地人の土地の相続税評価額は，建物が賃貸住宅等である場合には，自用地評価額×20％×（1－0.3×賃貸割合）として評価されます。
(注2) この取扱いについては，借地権の価額を0とすることからすると，貸宅地の価額は，自用地の価額によって評価するとの考え方もありますが，借地借家法の制約，賃貸借契約に基づく利用の制約等を勘案すれば，借地権の取引慣行のない地域においても20％の借地権相当額の控除を認容している（評基通25(1)）こととの均衡上，その土地に係る貸宅地の価額の評価においても20％相当額を控除することが相当であるとの考え方によるものです。

■無償返還方式（賃貸借型）における課税関係

		借地人（不動産管理会社）	地主（個人）
借地権設定時		課税関係なし	課税関係なし
地代の額		零から相当の地代の額の間で自由に設定可能	
地代の取扱い		損金の額に算入	不動産所得の収入金額
土地の相続税評価額	賃貸借	（株価計算） 自用地評価額×20％	自用地評価額×80％

(2) 「相当の地代の改訂方法に関する届出書」

　法人が借地権の設定により他人に土地を使用させる場合，通常，権利金を収受する慣行があるにもかかわらず権利金を収受しないときには，原則として，権利金の認定課税が行われます。しかし，権利金の収受に代えて相当の地代を収受しているときは，権利金の認定課税は行われません。なお，この場合には契約書でその後の地代の改訂方法を定めるとともに，「相当の地代の改訂方法に関する届出書」を借地人と連名で土地所有者の納税地を所轄する税務署長に提出することが必要です。

　相当の地代の額は，原則として，その土地の更地価額の概ね年6％程度の金額です。また，土地の更地価額とは，その土地の時価をいいますが，課税上弊害がない限り次の金額によることも認められます。

① その土地の近くにある類似した土地の公示価格などから合理的に計算した価額

② その土地の相続税評価額又はその評価額の過去3年間の平均額

「相当の地代の改訂方法に関する届出書」を提出した場合の改訂方法は，次のいずれかの方法によります。
① 土地の価額の値上がりに応じて，その収受する地代の額を相当の地代の額に改訂する方法（改訂型）

　…この改訂は，概ね3年以下の期間ごとに行う必要があります。
② それ以外の方法（据置型）

　…届出がされない場合は，②の方法を選択したものとして取り扱われます。

改訂方法が上記のいずれかによって，当該土地の評価額に差異が生じますので，確認が欠かせません。

■相当の地代方式の改訂型の場合の相続税評価額

区　　　　分	相続税評価額
借　地　権	零
同族会社の株価の計算上純資産価額に加算される金額	自用地評価額×20％ (注1)
貸　宅　地	自用地評価額×80％ (注2)

(注1) 同族会社が，同族の地主から土地を借りていても，被相続人自身がその地主（土地所有者）でなければ，被相続人の株式評価では，自用地評価額×20％を純資産価額に加算する必要はありません。また，借地人の土地の相続税評価額は，建物が賃貸住宅等である場合には，自用地評価額×20％×（1－0.3×賃貸割合）として評価されます。
(注2) この取扱いについては，借地権の価額を0とすることからすると，貸宅地の価額は，自用地の価額によって評価するとの考え方もありますが，借地借家法の制約，賃貸借契約に基づく利用の制約等を勘案すれば，借地権の取引慣行のない地域においても20％の借地権相当額の控除を認容している（評基通25(1)）こととの均衡上，その土地に係る貸宅地の価額の評価においても20％相当額を控除することが相当であるとの考え方によるものです。

■相当の地代方式の据置型の場合の相続税評価額

区　　分	相続税評価額
借　地　権	自用地評価額×借地権割合×$\left(1-\dfrac{実際の地代－通常の地代}{相当の地代－通常の地代}\right)$
同族会社の株価計算上純資産価額に加算される金額	次の①又は②のいずれか大きい金額 ①　借地権の算式により計算した金額 ②　自用地評価額×20%
貸　宅　地	次の①又は②のいずれか小さい金額 ①　自用地評価額－借地権の算式により計算した金額 ②　自用地評価額×80%

（注）　この場合の相当の地代は、過去3年間の土地の相続税評価額の平均値×6％

■相当の地代方式における課税関係

		借地人（不動産管理会社）	地主（個人）
借地権設定時		課税関係なし	
地代の額	改訂型	おおむね3年以下の期間ごとに改訂する	
	据置型	借地権設定時の相当の地代を据え置く	
地代の取扱い	改訂型	損金の額に算入	不動産所得の収入金額
	据置型	損金の額に算入	不動産所得の収入金額
土地の相続税評価額	改訂型	（株価計算） （※）注により計算した価額	自用地評価額－（※）
	据置型	（株価計算） 自用地評価額×20%	自用地評価額×80%

（※）　次の①又は②のいずれか大きい金額

①　自用地評価額×借地権割合×$\left(1-\dfrac{実際の地代－通常の地代}{相当の地代－通常の地代}\right)$
②　自用地評価額×20%

(3) 「借地権者の地位の変更がない旨の申出書」

　借地権の目的となっている土地(所有権)をその借地権者以外の者が取得し，その土地の取得者と借地権者との間にその土地の使用の対価として地代の授受が行われないこととなった場合において，地代の授受が行われないこととなった理由がその土地の貸借が使用貸借となったことに基づくものでなく借地権者は借地権者としての地位を放棄していない旨を，その土地の取得者が申し出る手続に使用する申出書です。

　この申出書は，土地の所有者の住所地を所轄する税務署に提出することとされています。

(4) 「借地権の使用貸借に関する確認書」

　借地権を有する者(借地権者)からその借地権の目的となっている土地の全部を使用貸借により借り受けて，その土地の上に建物等を建築した場合などにおいて，その借受けが使用貸借に該当するものであることについて，その使用貸借に係る借受者，借地権者及び土地の所有者がその事実を確認し，その内容を借受者が申し出る手続に使用する確認書です。

　この確認書は，使用貸借に係る借受者の住所地を所轄する税務署に提出することとされています。

第2章　土地評価に必要とされる資料の収集

コラム　土地に関する基本用語

　国税庁のホームページに収録されている土地の評価情報は豊富です。ただし，土地に関する基本用語をマスターしていないと，なかなか読みこなせません。土地に関してよく使われる用語集が国税庁の「相続税の物納の手引き～整備編～」に収録されています。

　そこに掲げられた45項目は以下のとおりです。内容を詳しく知りたい方は，以下のサイトにアクセスしてみてください。

http://www.nta.go.jp/tetsuzuki/nofu-shomei/enno-butsuno/pdf/3001tebiki03.pdf〔平成30年2月16日確認〕

1. 青地（あおち）
2. 赤道（あかみち）
3. 暗渠（あんきょ）
4. 囲障設置権（いしょうせっちけん）
5. 位置指定道路（いちしていどうろ）
6. 囲繞地通行権（いにょうちつうこうけん）
7. 入会権（いりあいけん）
8. 上物（うわもの）
9. 永小作権（えいこさくけん）
10. 画地（かくち）
11. 崖地（がけち）
12. 仮換地（かりかんち）
13. 換地処分（かんちしょぶん）
14. 急傾斜地崩壊危険区域（きゅうけいしゃちほうかいきけんくいき）
15. 畦畔（けいはん）
16. 減歩（げんぶ）
17. 公衆用道路（こうしゅうようどうろ）
18. 公道（こうどう）
19. 市街化区域（しがいかくいき）
20. 市街化調整区域（しがいかちょうせいくいき）
21. 私道（しどう）
22. 隅切（すみきり）
23. セットバック（せっとばっく）
24. 前面道路（ぜんめんどうろ）
25. 宅地造成工事規制区域（たくちぞうせいこうじきせいくいき）
26. 反歩（たんぶ）

27. 地役権（ちえきけん）
28. 地形（ぢがた）
29. 地上権（ちじょうけん）
30. 地勢（ちせい）
31. 道路区域証明（どうろくいきしょうめい）
32. 道路査定（どうろさてい）
33. トラバース測量（とらばーすそくりょう）
34. ２項道路（にこうどうろ）
35. 法敷（のりじき）
36. 法地（のりち）
37. 筆界（ひっかい）
38. 風致地区（ふうちちく）
39. 幅員（ふくいん）
40. 間口（まぐち）
41. 無道路地（むどうろち）
42. 用途地域（ようとちいき）
43. 擁壁（ようへき）
44. 里道（りどう）
45. 路地状敷地（ろじじょうしきち）

第3章

国税庁ホームページから得る土地の評価情報

　不動産の法令規制については，行政のホームページなどでも概略の確認ができます。

　また，相続人等から，不動産の権利書の提供を受けると，その不動産の売買契約書や取得した当時の法令規制（重要事項説明書が添付されていることもある）を確認することができることもあります。売買契約書は，相続人が相続した不動産を譲渡する際には，取得費の額を証明するものになります。

　この章では，土地等に関する法令規制の基本項目について，国税庁のタックスアンサーなどをもとに確認します。

1 国税庁のタックスアンサー

　土地等に係る評価方法について，タックスアンサーの有用な記述をピックアップし，適宜コメントを付しました。

(1) 路線価方式による宅地の評価（No.4604）

> **Q1　セットバックを必要とする宅地の評価**
> 　私の所有する宅地は道路に面していますが，将来，建物の建替え時には，建築基準法の規定により一部を道路として提供しなければなりません。このような宅地はどのように評価するのですか。
> **A1**　建築基準法では，原則として道路の中心線から2メートル後退した線が敷地との境界線とされ，建物を建てる場合はこの境界線まで後退（以下「セットバック」といいます。）しなければなりません。
> 　このセットバックすべき部分については，通常どおりに評価した価額から70％相当額を控除して評価します。
> （評基通24－6）

出典：国税庁タックスアンサー

　市町村が管理している道路の幅員を確認します。市町村役場・道路管理課の窓口にて，調査したい路線を提示すれば，口頭にて回答してもらえます。
　建築基準法上の道路に面している場合でその道路の幅員が4ｍ未満の場合には，セットバックが必要となります。
　財産評価基本通達において，セットバックを要する土地については，一定の減額があります。
　〈評価方法〉
　セットバックが必要ないものとした場合の価額から，次の算式により計算した金額を控除した価額によって評価します。

第3章 国税庁ホームページから得る土地の評価情報

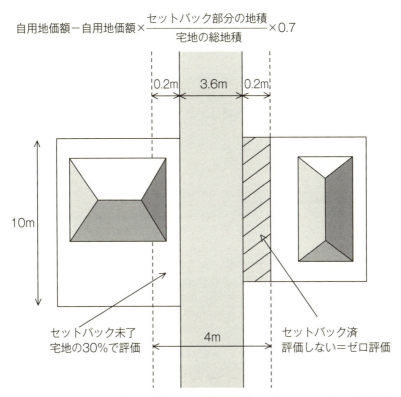

現地で道路幅員を測定する場合に、歩道や側溝などがあるときの道路幅員の判定方法は以下のようになります。

■幅員の測定方法(原則)

種 類	道路幅員	測定方法
歩 道	含まれる	歩道の外端で測る
ふたがない側溝(下水道整備前)	含まれる	側溝の外端の内法で測る
ふたがある側溝(下水道整備後)	含まれる	側溝の外端の外法で測る
法敷(のりじき)	含まれない	―

(注) 下水道整備後は、道路側溝はすべて道路内に設けて管理するように改められています。
そのため、側溝の外法から測定することとされています。

原則はあるものの，以下のように市町村において，道路幅員の測定方法が異なりますので，それぞれ確認が必要です。

[例①　柏崎市]

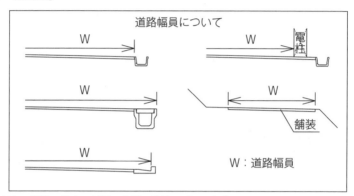

※ふたがない側溝の場合，側溝の内端の外法で測ることとしています。

[例②　横浜市]

　横浜市は，「蓋なしU型側溝」の場合は，外法から道路幅員を計測することとしています。

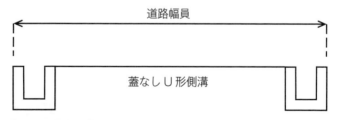

また，「L型側溝」の場合も外法から道路幅員を計測します。

Q 2　間口が狭小な宅地の評価　間口が狭小な宅地の評価はどのように行うのですか。
A 2　路線価で評価する地域の宅地で，間口が狭小な宅地の評価は，路線価にその宅地の奥行距離に応じて奥行価格補正率を乗じて求めた価額に，更に，「間口狭小補正率表」に定める補正率及びその宅地の地積を乗じて計算します。
（評基通20－3）

Q 3　奥行が長大な宅地の評価　奥行が長大な宅地の評価はどのように行うのですか。
A 3　路線価で評価する地域の宅地で，奥行が長大な宅地の評価は，路線価にその宅地の奥行距離に応じて奥行価格補正率を乗じて求めた価額に，更に，「奥行長大補正率表」に定める補正率及びその宅地の地積を乗じて計算します。
（評基通20－3）

Q 4　不整形な宅地の評価　不整形な宅地の評価はどのように行うのですか。
A 4　路線価で評価する地域の宅地で，奥行距離が一様でないなど形状が不整形の宅地の評価は，その宅地が不整形でないものとして計算した1平方メートル当たりの価額に，その不整形の程度，位置及び地積の大小に応じ，「不整形地補正率表」に定める補正率を乗じて評価します。
（評基通20）

出典：国税庁タックスアンサー

(2) 地区の異なる2以上の路線に接する宅地の評価 (No.4605)

地区の異なる2以上の路線に接する宅地の価額は，正面路線の地区の奥行価格補正率を適用して評価します。
また，側方路線影響加算額についても正面路線の地区の奥行価格補正率及び側方路線影響加算率を適用します。

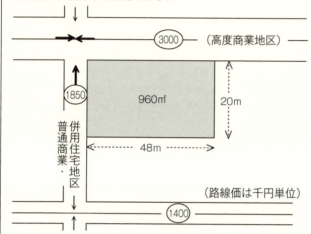

(1) 正面路線価の奥行価格補正

　　正面路線価　　　　高度商業地区の
　　　　　　　　　　　奥行価格補正率
　　3,000千円　×　　　1.0　　　＝　イ

(2) 側方路線影響加算額の計算

　　側方路線価　　　　高度商業地区の　　　高度商業地区の側方
　　　　　　　　　　　奥行価格補正率　　　路線影響加算率
　　1,850千円　×　　　0.99　　　×　　　0.10　　　＝　ロ

(3) 評価対象地の評価額

　　　　　　　　　　　面　積
　　（イ＋ロ）　×　　960㎡　＝　3,055,824千円

なお，借地権の価額を評価する場合において，接する各路線の借地権割合が異なるときには，正面路線の借地権割合を適用して評価します。

出典：国税庁タックスアンサー

(3) 利用価値が著しく低下している宅地の評価（No.4617）

> 　次のようにその利用価値が付近にある他の宅地の利用状況からみて、著しく低下していると認められるものの価額は、その宅地について利用価値が低下していないものとして評価した場合の価額から、利用価値が低下していると認められる部分の面積に対応する価額に10％を乗じて計算した金額を控除した価額によって評価することができます。
> ①　道路より高い位置にある宅地又は低い位置にある宅地で、その付近にある宅地に比べて著しく高低差のあるもの
> ②　地盤に甚だしい凹凸のある宅地
> ③　震動の甚だしい宅地
> ④　①から③までの宅地以外の宅地で、騒音、日照阻害（建築基準法第56条の2に定める日影時間を超える時間の日照阻害のあるものとします。）、臭気、忌み等により、その取引金額に影響を受けると認められるもの
> 　また、宅地比準方式によって評価する農地又は山林について、その農地又は山林を宅地に転用する場合において、造成費用を投下してもなお宅地としての利用価値が付近にある他の宅地の利用状況からみて著しく低下していると認められる部分を有するものについても同様です。
> 　ただし、路線価又は固定資産税評価額又は倍率が、利用価値の著しく低下している状況を考慮して付されている場合にはしんしゃくしません。

出典：国税庁タックスアンサー

　「騒音」は鉄道沿線土地など、「忌み」は、墓地に隣接する土地などが対象になると思われます。

　例えば、その建物の居住者が自殺した場合には、裁判例では、概ね2～3年以上経過後は告知義務はないものとすることが多いようです。

　不動産について、その価値をネガティブにするような内在する現象を「不動産のスティグマ」といいます。心理的に影響を与える負の要因（自殺、事故死、事件など）を指しますが、影響の程度は主観的な要素が大きいので、慎重な判断が求められます。

(4) 無道路地の評価（No.4620）

　　無道路地とは，一般に道路に接していない宅地をいいます。
　　この無道路地の価額は，実際に利用している路線の路線価に基づき不整形地の評価によって計算した価額から，その価額の40％の範囲内において相当と認める金額を控除して評価します。
　　この場合の40％の範囲内において相当と認める金額は，無道路地について建築基準法その他の法令において規定されている建築物を建築するために必要な道路に接すべき最小限の間口距離の要件（以下「接道義務」といいます。）に基づいて最小限度の通路を開設する場合のその通路に相当する部分の価額とされています。この通路部分の価額は，実際に利用している路線の路線価に，通路に相当する部分の地積を乗じた価額とし，奥行価格補正等の画地調整は行いません。

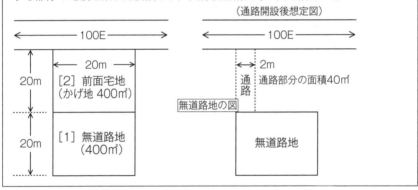

出典：国税庁タックスアンサー

　道路は，道路法と建築基準法に定めがあります。

■道路法上の道路

　道路法の道路には，①高速自動車国道，②一般国道，③都道府県道，及び④市町村道があります（道路法3条）。道路法の認定外道路（法定外公共用物）として，①里道（赤道，赤線），②私道，③二線引畦畔，④脱落地たる道路，及び⑤構内道路があります。
　その概要は以下のとおりです。

①	里道	里道とは，道路法による道路に認定されていない道路，すなわち認定外道路のうち，公図上赤い帯状の線で表示されているものをいう。
②	私道	公共用物でありながら，国又は公共団体が管理主体となっておらず，その敷地所有権が私人に属する認定外道路である。
③	二線引畦畔	公図上，主として耕地の間に2本の長く狭い線で表示されている，いわゆる二線引畦畔のうち，公共用物たる性質を有する農道，堤塘，畦畔などを指す。
④	脱落地たる道路	認定外道路のうち，里道，私道，二線引畦畔に該当せず公図上の表示もない道路であるが，明治初年以来民有に帰属したとの確証のない脇道，間道（ぬけ道），路地，農道，畦道（あぜ道），峠道などのうち公共用物たる性質を有するものは，すべてこれに当たる。
⑤	構内道路	国有地，公有地内の道路法の適用のない道路であり，敷地内の通行を国や公共団体が一般の通行を黙認していると考えられる。

■**建築基準法上の道路**

　建築基準法上の認定道路か否かを確認します。市町村役場・建築指導課の窓口にて，調査したい路線を提示すれば，口頭にて回答してもらえます。市町村によっては，ホームページ上で確認することができます。

　建築基準法42条において，道路とは次のように定められています。

建築基準法の条項			摘　要
建築基準法42条	第1項		次の1～5号に該当する幅員4m以上のもの
		第1号	道路法による道路（国道，県道，市道など）
		第2号	都市計画法（開発行為など）や土地区画整理法などに基づいて造られた幅員4m以上のもの
		第3号	建築基準法適用時（昭和25年11月23日または都市計画区域に指定された日）に現に存在しているもの
		第4号	都市計画道路等で，2年以内に事業が行われる予定の道路で，特定行政庁（通常は市長村長）が指定したもの
		第5号	特定行政庁が道路の位置を指定したもの
	第2項		基準時現在既に建築物が立ち並んでいた幅員4m未満の道路で，特定行政庁が指定したもの
	第3項		2項道路指定をするにあたり，将来に渡り拡幅が困難でどうしても4m（6m）幅員が取れないため，特定行政庁が幅員の緩和指定をした道路
上記の外，第4項～第6項に定める道路に該当しないもの			建築基準法上の道路ではありません。

　建築基準法では，幅員4m以上の道を道路（建築基準法42条1項）として扱っていますが，法施行の際，現に建物が建ち並んでいた幅員4m未満の道も，特定行政庁の指定行為により，道路として扱えるようになっています。

　また，建築物を建築するには，建築基準法に基づき，敷地が道路に接していなければなりません。したがって，敷地の分割等の関係で，道路に接していないような敷地が生じる場合には，市長等から道路の位置の指定を受けて，道路を築造し，建築物を建築することができます。「道路の位置の指定」を受けようとする場合，道路工事着工までに事前協議が必要です。

　上記のほかに，道路交通法2条1項に規定する道路や，道路運送法2条8項に規定する自動車道などもあります。

第3章 国税庁ホームページから得る土地の評価情報

(5) 私道に沿接する宅地の評価（No.4621）

　相続税や贈与税の申告のために，路線価地域において，路線価の設定されていない道路のみに接している宅地を評価する必要があるときには，税務署長に対して特定路線価の設定の申出をすることができます。この設定の申出により，税務署長が特定路線価を設定した場合には，この特定路線価を路線価とみなして，その道路のみに接している宅地を評価します。
　なお，例えば，次の図のように特定路線価を設定した場合には，A，B，C及びD土地の価額は特定路線価により評価しなければなりませんが，E土地やF土地の価額の評価に当たっては，この特定路線価に基づく側方路線影響加算を行う必要はありません。

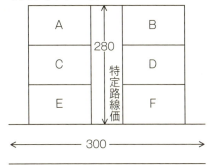

出典：国税庁タックスアンサー

(6) 私道の評価（No.4622）

　私道には，①公共の用に供するもの，例えば，通抜け道路のように不特定多数の者の通行の用に供されている場合と，②専ら特定の者の通行の用に供するもの，例えば，袋小路のような場合があります。
　私道のうち，①に該当するものは，その私道の価額は評価しないことになっています。②に該当する私道の価額は，その宅地が私道でないものとして路線価方式又は倍率方式によって評価した価額の30％相当額で評価します。この場合，倍率地域にある私道の固定資産税評価額が私道であることを考慮して付されている場合には，その宅地が私道でないものとして固定資産税評価額を評定し，その金額に倍率を乗じて評価した価額の30％相当額で評価します。

出典：国税庁タックスアンサー

77

不動産の取引実務では、公道と私道という用語がよく使われますが、これらの用語の定義は、不動産関係法規にはありません。道路管理者が公的団体であれば公道、私人であれば私道、と理解してよいと思われます。
　私道には、①固定資産税及び相続税が非課税とされる私道と、②固定資産税は非課税、相続税は課税される私道があります。
　国税庁の私道の評価の解説を図表にすると、以下のとおりです。

① 「不特定多数の者」が通行する私道
(A) 固定資産税及び相続税とも非課税のケース
　不特定多数の者の通行の用に供されている公共性の高い私道については、もはや、私有物として勝手な処分ができるものではないので、その価額を評価しないこととなります。この場合の「不特定多数の者の通行の用に供されている私道」とは、一般的にはある程度の公共性が認識される通り抜け私道で、現に不特定多数の者の通行の用に供されているものをいいます。

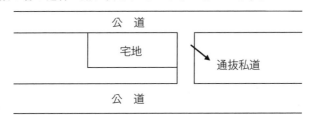

（注）　私道である通路部分が道路の形状をしていても、その所有者と利用者が同一人である場合には、評価上何の制約も受けません。よって、「特定の者」の通行の用に供されている私道には該当しませんので、自宅の敷地と一体として自用地の評価をします。

(B) 固定資産税及び相続税とも課税のケース

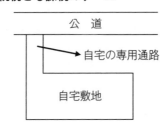

② 「特定の者」が通行する私道（固定資産税非課税・相続税課税）

行止私道のような特定の者が通行する私道は，原則として当該私道の用に供されている宅地を自用地として評価した価額の100分の30に相当する価額で評価します。

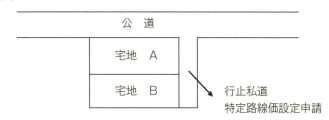

③ 利用区分に応じた私道の評価

相続財産とし評価すべき私道について，利用区分に応じた評価をしていない事例があります。当該私道が貸家建付地や貸宅地の私道であれば，まず，貸家建付地や貸宅地として評価した後の価額の100分の30に相当する価額で評価します。

(7) 貸駐車場として利用している土地の評価（No.4627）

> 　土地の所有者が，自らその土地を貸駐車場として利用している場合には，その土地の自用地としての価額により評価します。
> 　このように自用地としての価額により評価するのは，土地の所有者が，その土地をそのままの状態で（又は土地に設備を施して）貸駐車場を経営することは，その土地で一定の期間，自動車を保管することを引き受けることであり，このような自動車を保管することを目的とする契約は，土地の利用そのものを目的とした賃貸借契約とは本質的に異なる権利関係ですので，この場合の駐車場の利用権は，その契約期間に関係なく，その土地自体に及ぶものではないと考えられるためです。
> 　ただし，車庫などの施設を駐車場の利用者の費用で造ることを認めるような契約の場合には，土地の賃貸借になると考えられますので，その土地の自用地としての価額から，賃借権の価額を控除した金額によって評価します。

出典：国税庁タックスアンサー

(8) 市街化調整区域内の雑種地の評価 (No.4628)

　雑種地（ゴルフ場用地，遊園地等用地，鉄軌道用地を除きます。）の価額は，原則として，その雑種地の現況に応じ，評価対象地と状況が類似する付近の土地について評価した1当たりの価額を基とし，その土地と評価対象地である雑種地との位置，形状等の条件の差を考慮して評定した価額に，その雑種地の地積を乗じて評価することとしています。

　ところで，市街化調整区域に存する雑種地を評価する場合に，状況が類似する土地（地目）の判定をするときには，評価対象地の周囲の状況に応じて，下表により判定することになります。

　また，付近の宅地の価額を基として評価する場合（宅地比準）における法的規制等（開発行為の可否，建築制限，位置等）に係るしんしゃく割合（減価率）は，市街化の影響度と雑種地の利用状況によって個別に判定することになりますが，下表のしんしゃく割合によっても差し支えありません。

市街化の影響度	周囲（地域）の状況	比準地目	しんしゃく割合
弱 ①	純農地，純山林，純原野	農地比準，山林比準，原野比準	
②	①と③の地域の中間（周囲の状況により判定）	宅地比準	しんしゃく割合50%
			しんしゃく割合30%
強 ③	店舗等の建築が可能な幹線道路沿いや市街化区域との境界付近	宅地価格と同等の取引実態が認められる地域（郊外型店舗が建ち並ぶ地域等）	しんしゃく割合0%

出典：国税庁タックスアンサー

2 財産評価基本通達

　土地の評価方法について、国税庁のタックスアンサーで解説されていない内容について財産評価基本通達で確認しましょう。

(1) 容積率の異なる2以上の地域にわたる宅地の評価

> **財基通20－5**
> 　容積率（建築基準法第52条《容積率》に規定する建築物の延べ面積の敷地面積に対する割合をいう。以下同じ。）の異なる2以上の地域にわたる宅地の価額は、15《奥行価格補正》から前項までの定めにより評価した価額から、その価額に次の算式により計算した割合を乗じて計算した金額を控除した価額によって評価する。この場合において適用する「容積率が価額に及ぼす影響度」は、14－2《地区》に定める地区に応じて下表のとおりとする。
>
> $$\left[1-\frac{\text{容積率の異なる部分の各部分に適用される容積率にその各部分の地積を乗じて計算した数値の合計}}{\text{正面路線に接する部分の容積率}\times\text{宅地の総地積}}\right]\times\text{容積率が価額に及ぼす影響度}$$
>
> ○　容積率が価額に及ぼす影響度
>
> | 地区区分 | 影響度 |
> | --- | --- |
> | 高度商業地区、繁華街地区 | 0.8 |
> | 普通商業・併用住宅地区 | 0.5 |
> | 普通住宅地区 | 0.1 |

　都市計画図上における容積率を確認します。市町村役場・建築指導課の窓口に都市計画図が備え付けられているので、該当地を検索します。
　市町村によっては、ホームページ上で確認することができます。
　容積率が異なる土地の評価は、一定の調整が行われることとされています。また、地積規模の大きな宅地の評価の判定上も、容積率を確認しておく必要があります。

(2) 土地区画整理事業施行中の宅地の評価

財基通24－2

　土地区画整理事業（土地区画整理法（昭和29年法律第119号）第2条《定義》第1項又は第2項に規定する土地区画整理事業をいう。）の施行地区内にある宅地について同法第98条《仮換地の指定》の規定に基づき仮換地が指定されている場合におけるその宅地の価額は、11《評価の方式》から21－2《倍率方式による評価》まで及び前項の定めにより計算したその仮換地の価額に相当する価額によって評価する。

　ただし、その仮換地の造成工事が施工中で、当該工事が完了するまでの期間が1年を超えると見込まれる場合の仮換地の価額に相当する価額は、その仮換地について造成工事が完了したものとして、本文の定めにより評価した価額の100分の95に相当する金額によって評価する。（平3課評2－4外・平14課評2－2外改正）

(注)　仮換地が指定されている場合であっても、次の事項のいずれにも該当するときには、従前の宅地の価額により評価する。

1　土地区画整理法第99条（(仮換地の指定の効果)）第2項の規定により、仮換地について使用又は収益を開始する日を別に定めるとされているため、当該仮換地について使用又は収益を開始することができないこと。

2　仮換地の造成工事が行われていないこと。

(3) 都市計画道路予定地の区域内にある宅地の評価

財基通24－7

　都市計画道路予定地の区域内（都市計画法第4条第6項に規定する都市計画施設のうちの道路の予定地の区域内をいう。）となる部分を有する宅地の価額は，その宅地のうちの都市計画道路予定地の区域内となる部分が都市計画道路予定地の区域内となる部分でないものとした場合の価額に，次表の地区区分，容積率，地積割合の別に応じて定める補正率を乗じて計算した価額によって評価する。

地区区分　　容積率　地積割合	ビル街地区，高度商業地区			繁華街地区，普通商業・併用住宅地区			普通住宅地区，中小工場地区，大工場地区	
	600%未満	600%以上700%未満	700%以上	300%未満	300%以上400%未満	400%以上	200%未満	200%以上
30%未満	0.91	0.88	0.85	0.97	0.94	0.91	0.99	0.97
30%以上60%未満	0.82	0.76	0.70	0.94	0.88	0.82	0.98	0.94
60%以上	0.70	0.60	0.50	0.90	0.80	0.70	0.97	0.90

（注）　地積割合とは，その宅地の総地積に対する都市計画道路予定地の部分の地積の割合をいう。

　都市計画図上における都市計画道路予定地を確認します。市町村役場・建築指導課の窓口に都市計画図が備え付けられているので，該当地を検索します。都市計画道路の明示を受けたい場合には，実測平面図等の必要書類を添付のうえ，申請書を提出します。

　市町村によっては，ホームページ上で確認することができます。

　都市計画道路予定地に該当する土地の評価は，一定の調整が行われることとされています。

　なお，大阪市には，「船場後退線」という建築基準法附則5項（市街地建築物法第7条但書の規定によって指定されたもの）に基づく道路の位置指定が行

われていて,「既に後退し道路として公共の用に供しているものは評価しない」など大阪国税局では個別事例として評価方法を定めています。そのため,土地の所在する地域の特性に応じた規制が存しないか慎重な判定が必要です。

　なお,都市計画道路予定地の区域内にある宅地が倍率地区内にあるときは,「普通宅地地区」内にあるものとした場合の,容積率,地積割合の別に応じて定める補正率を適用しても差し支えありません。

(4) 文化財建造物である家屋の敷地の用に供されている宅地の評価

財基通24-8
　文化財保護法(昭和25年法律第214号)第27条第1項に規定する重要文化財に指定された建造物,同法第58条第1項に規定する登録有形文化財である建造物及び文化財保護法施行令(昭和50年政令第267号)第4条第3項第1号に規定する伝統的建造物(以下本項,83-3《文化財建造物である構築物の敷地の用に供されている土地の評価》,89-2《文化財建造物である家屋の評価》及び97-2《文化財建造物である構築物の評価》において,これらを「文化財建造物」という。)である家屋の敷地の用に供されている宅地の価額は,それが文化財建造物である家屋の敷地でないものとした場合の価額から,その価額に次表の文化財建造物の種類に応じて定める割合を乗じて計算した金額を控除した金額によって評価する。
　なお,文化財建造物である家屋の敷地の用に供されている宅地(21《倍率方式》に定める倍率方式により評価すべきものに限る。)に固定資産税評価額が付されていない場合には,文化財建造物である家屋の敷地でないものとした場合の価額は,その宅地と状況が類似する付近の宅地の固定資産税評価額を基とし,付近の宅地とその宅地との位置,形状等の条件差を考慮して,その宅地の固定資産税評価額に相当する額を算出し,その額に倍率を乗じて計算した金額とする。

文化財建造物の種類	控除割合
重要文化財	0.7
登録有形文化財	0.3
伝統的建造物	0.3

文化財等に関しては，市の教育委員会が管轄していますので，文化財等の有無については，評価対象地の市の教育委員会のホームページなどで概要を検索の上，窓口まで出向いて確認する必要があります。

(5) 雑種地の評価

> **財基通82**
> 　雑種地の価額は，原則として，その雑種地と状況が類似する付近の土地についてこの通達の定めるところにより評価した1平方メートル当たりの価額を基とし，その土地とその雑種地との位置，形状等の条件の差を考慮して評定した価額に，その雑種地の地積を乗じて計算した金額によって評価する。
> 　ただし，その雑種地の固定資産税評価額に，状況の類似する地域ごとに，その地域にある雑種地の売買実例価額，精通者意見価格等を基として国税局長の定める倍率を乗じて計算した金額によって評価することができるものとし，その倍率が定められている地域にある雑種地の価額は，その雑種地の固定資産税評価額にその倍率を乗じて計算した金額によって評価する。

　評価対象地である雑種地が倍率地域に存する場合には，近傍比準地として選定された宅地について，次に掲げる疎明資料の別に，それぞれに掲げる算式によって算定した金額をもって「近傍比準地の1㎡当たりの価額（相続税評価額）」とすることが相当であると考えられます。

① **固定資産評価基準に基づく固定資産税評価額を算定するために路線価が付されている場合**

　固定資産評価基準に基づいて，各市区町村役場が固定資産税評価額を算定するために道路に路線価を付設している場合があります。この場合には，評価対象地である雑種地の前面道路に付された固定資産税評価額算定上の路線価を基に以下の算式で計算します。

　〈算式〉固定資産税評価額算定上の路線価×宅地の評価倍率

② 評価対象地所在の市区町村役場から近傍比準宅地の1㎡当たりの固定資産税評価額が明示された場合

〈算式〉 明示された近傍比準宅地の1㎡当たりの固定資産税評価額 × 宅地の評価倍率

③ 近傍比準宅地を具体的な地番（筆）に係る固定資産税評価額から算定する場合

〈算式〉 (近傍比準宅地の固定資産税評価額 × 宅地の評価倍率) ÷ 近傍比準宅地の地積

近傍比準地と評価対象地との較差割合等については，当該倍率地域に存する雑種地が路線価地域の普通住宅地区にあるものとした場合の各種の画地調整率（奥行価格補正率等）を参考にして調整する方法が考えられます。

3 その他の情報等

　国税庁は，資産評価企画官情報などによって，通達等で明らかにしていない土地の評価方法などについて情報を発信しています。また，裁決事例や裁判例にも土地評価について確認しておきたい項目もあります。そこで，以下にその主なものを確認します。

(1) 土壌汚染地

　土壌汚染地の評価方法については，「土壌汚染地の評価等の考え方について（情報）」（平成16年7月5日付国税庁課税部資産評価企画官情報第3号・国税庁課税部資産課税課情報第13号）にみられる程度の情報しか見当たりません。以下にその情報を要約します。

> 　土壌汚染地の基本的な評価方法として，「原価方式」によることとしています。原価方式では，「汚染がないものとした場合の評価額」から「浄化・改善費用に相当する金額」，「使用収益制限による減価に相当する金額」及び「心理的要因による減価に相当する金額」を控除して求めることとしています。
> 　また，土壌汚染地として評価するのはあくまで「課税時期において評価対象地の土壌汚染の状況が判明している土地」であり，土壌汚染の可能性があるなど潜在的な段階では土壌汚染地として評価することはできないとしています。

　土壌汚染地の調査のためには，対象地のこれまでの経緯，使い方などを調べ，土壌汚染・地下水汚染の可能性があるかを調査することから始めます。それには，地図，土地の登記簿謄本，事業活動の記録，地盤・地質調査の記録などの収集が必要です。

　多くの民間企業なども土壌汚染の調査を受託していますので，念のため土壌汚染の可能性についても慎重に判定を行う必要があります。

(2) 高圧線下の土地

　高圧線下地とは一般に特別高圧（7,000Ｖ以上）電線の下に位置する土地をいい，建築制限があります。（住宅地図には，高塔の記号が記されています。）

　このように，高圧線下地については土地に一定利用制約があり，さらに上空に高圧電線が存することによる眺望の悪化，電磁波等に対する心理的嫌悪感，電波障害・騒音等，土地利用制約による土地の一体性の分断等のため，一般の土地に比べて市場価値はかなり劣ることが通常です。

　そのため，財産評価基本通達27－5においても，以下の要約に示すように30％以上の減価が認められています。

　地役権が設定されている宅地の価額は，承役地である部分も含め全体を1画地の宅地として評価した価額から，その承役地である部分を1画地として計算した自用地価額を基に，土地利用制限率を基に評価した区分地上権に準ずる地役権の価額を控除して評価します。

　この場合，区分地上権に準ずる地役権の価額は，その承役地である宅地についての建築制限の内容により，自用地価額に次の割合を乗じた金額によって評価することができます。
(1)　家屋の建築が全くできない場合…………50％と承役地に適用される借地権割合とのいずれか高い割合
(2)　家屋の構造，用途等に制限を受ける場合…30％

　住宅地図では高圧線の鉄塔は「口」という記号で表示されます。このマークが土地の近くにある場合には，高圧線下の土地である可能性を疑いましょう。

(3) 埋蔵文化財包蔵地

　文化財に関する調査は地方自治体の教育委員会で行われています。

　例えば，評価対象地が埋蔵文化財包蔵地である場合には，評価上減額調整をします。具体的には，発掘調査費用を控除することが考えられますが，その旨が記された裁決例の要約を以下に示します。

第3章　国税庁ホームページから得る土地の評価情報

　　過去数回にわたり埋蔵文化財の確認調査が行われ，○○時代の○○貝塚及び住居跡等の遺跡の存在が確認され，その市町村の一般の閲覧に供されている市内全域の貝塚の分布図に記載されており，文化財保護法第93条に規定されている周知の埋蔵文化財包蔵地に該当する場合などにおいては，埋蔵文化財の発掘調査費用の負担は，一般的利用が宅地であることを前提として評価される土地において，その価額（時価）に重大な影響を及ぼすその土地固有の客観的な事情があると認められ，発掘調査費用の見積額の80％を控除して評価することができます。（平成20年9月25日裁決）

　地図上の位置や住居表示の情報があれば，行政の担当窓口で個別に該当するか否かを回答してもらえます。また，FAXでやり取りすることもできます。また，おおまかな情報であれば，インターネット上ので調べることも可能です。

■埋蔵文化財包蔵地（例：大阪府地図情報提供システム）

出典：大阪府地図情報提供システム
　　　https://www11.cals.pref.osaka.jp/ajaxspatial/ajax/　〔平成30年2月1日確認〕

(4) タワーマンションを相続開始直前に取得し，相続人が相続直後に譲渡した場合

　時価と相続税評価額の乖離を上手に活用すれば相続税を軽減させることができます。相続税法第22条において，財産の価額は，当該財産の取得の時における時価によって評価することとされていますが，課税上弊害がない場合には，財産評価基本通達によって評価した金額とされています。

> **（評価の原則）**
> **相続税法22条**　この章で特別の定めのあるものを除くほか，相続，遺贈又は贈与により取得した財産の価額は，当該財産の取得の時における時価により，当該財産の価額から控除すべき債務の金額は，その時の現況による。

　財産評価基本通達第1章（総則）1において，財産の価額は，時価によるものとし，時価とは，課税時期において，それぞれの財産の現況に応じ，不特定多数の当事者間で自由な取引が行われる場合に通常成立すると認められる価額をいい，その価額は，財産評価基本通達によって評価した価額によるとしています。

> **（評価の原則）**
> **財産評価基本通達1**　財産の評価については，次による。
> 　(1)　評価単位
> 　　　財産の価額は，第2章以下に定める評価単位ごとに評価する。
> 　(2)　時価の意義
> 　　　財産の価額は，時価によるものとし，時価とは，課税時期（相続，遺贈若しくは贈与により財産を取得した日若しくは相続税法の規定により相続，遺贈若しくは贈与により取得したものとみなされた財産のその取得の日又は地価税法第2条《定義》第4号に規定する課税時期をいう。以下同じ。）において，それぞれの財産の現況に応じ，不特定多数の当事者間で自由な取引が行われる場合に通常成立すると認められる価額をいい，その価額は，この通達の定めによって評価した価額による。
> 　(3)　財産の評価
> 　　　財産の評価に当たっては，その財産の価額に影響を及ぼすべきすべての事情を考慮する。

時価と相続税評価額との乖離が大きい資産の１つに都心のタワーマンションがあります。目安として時価100に対して相続税評価額は15～20程度も珍しくありません。

　そのため，明らかに租税回避を目的とした取得に対して，最高裁判決（平成５年10月28日判決）や，裁決（平成23年７月１日非公開裁決）で，タワーマンション節税が否認されました。これらの事案では，以下のような事実が認められています。

---
① 取得日と相続開始日が近い
② 相続開始後すぐに譲渡している
③ 利用する意思が見られない
④ 明らかに節税目的と推測される

　したがって，否認されないためには，タワーマンションの取得目的を明確にし，目的に従った利用をしておく（節税目的だけではないことを明確にしておく）などの対応が欠かせません。

　財産評価基本通達に定める評価方法を形式的・画一的に適用すると，当該財産の客観的交換価値とは乖離した結果を導くこととなって，納税者間で著しく課税の公平を欠く場合も生じることが考えられます。

　そうした場合には，財産評価基本通達第１章（総則）６で，「この通達の定めによって評価することが著しく不適当と認められる財産の価額は，国税庁長官の指示を受けて評価する。」と定め，租税負担の公平を保つ対処をしているようです。

(5)　公開空地のある宅地の評価

　建築基準法第59条の２に規定する，敷地内に広い空地を有する建築物の容積率等の特例において，当該公開空地の評価については，当該宅地自体は空地として維持しなければならないという利用制限を受けますが，他の建物の建築されている敷地と一体となって利用単位を構成するものであり，建築基準法上の

容積率や建ぺい率の計算にあたっては、当該宅地を含めて算定するものであることから、特別にしんしゃくをする必要はないこととなります。
　したがって、公開空地の用に供されている宅地についても、通常どおりの評価方法により評価することとなります（質疑応答事例）。

(6) 歩道状空地

　歩道状空地とは、開発に際して歩道と隣接させた空地を設けて連続的な歩行者空間が形成されるように計画されるものです。
　歩道状空地の用に供されている宅地の取扱いについては、平成29年2月28日の最高裁判所の判決を受けて、同年7月24日に国税庁より、財産評価基本通達24《私道の用に供されている宅地の評価》における歩道状空地の用に供されている宅地の取扱い[※]が公表され、その評価方法が明確になりました。

※　国税庁「財産評価基本通達24《私道の用に供されている宅地の評価》における「歩道状空地」の用に供されている宅地の取扱いについて」（平成29年7月）

> **（私道の用に供されている宅地の評価）**
> **財産評価基本通達24**　私道の用に供されている宅地の価額は、11《評価の方式》から21－2《倍率方式による評価》までの定めにより計算した価額の100分の30に相当する価額によって評価する。この場合において、その私道が不特定多数の者の通行の用に供されているときは、その私道の価額は評価しない。

　歩道状空地の従来の取扱いは、財産評価基本通達24に定める私道については、道路としての利用状況や、所有者が自己の意思によって自由に使用、収益をすることに制約が存すること等の事実関係に照らし判断しているところであり、事実関係に照らし判断した結果、歩道状空地の用に供されている宅地については、建物の敷地の一部として、評価通達24を適用せずに評価していた事例があったことが指摘されています。
　しかし、最高裁判所平成29年2月28日判決において、以下のように判示されました。

第3章　国税庁ホームページから得る土地の評価情報

> 　私道の用に供されている宅地につき客観的交換価値が低下するものとして減額されるべき場合を，建築基準法等の法令によって建築制限や私道の変更等の制限などの制約が課されている場合に限定する理由はなく，そのような宅地の相続税に係る財産の評価における減額の要否及び程度は，私道としての利用に関する建築基準法等の法令上の制約の有無のみならず，当該宅地の位置関係，形状等や道路としての利用状況，これらを踏まえた道路以外の用途への転用の難易等に照らし，当該宅地の客観的交換価値に低下が認められるか否か，また，その低下がどの程度かを考慮して決定する必要があるべきである。
> 　これを本件についてみると，本件各歩道状空地は，車道に沿って幅員2mの歩道としてインターロッキング舗装が施されたもので，いずれも相応の面積がある上に，本件各共同住宅の居住者等以外の第三者による自由な通行の用に供されていることがうかがわれる。また，本件各歩道状空地は，いずれも本件各共同住宅を建築する際，都市計画法所定の開発行為の許可を受けるために，市の指導要綱等を踏まえた行政指導によって私道の用に供されるに至ったものであり，本件各共同住宅が存在する限りにおいて，上告人らが道路以外の用途へ転用することが容易であるとは認め難い。そして，これらの事情に照らせば，本件各共同住宅の建築のための開発行為が被相続人による選択の結果であるとしても，このことから直ちに本件各歩道状空地について減額して評価をする必要がないということはできない。

　上記の最高裁判決の判示事項を踏まえ，以下の要件を満たす歩道状空地については，財産評価基本通達24に基づき評価することとされました。
① 　都市計画法所定の開発行為の許可を受けるために，地方公共団体の指導要綱等を踏まえた行政指導によって整備されていること
② 　道路に沿って，歩道としてインターロッキングなどの舗装が施されたものであること
③ 　居住者等以外の第三者による自由な通行の用に供されていること

　上記の取扱いは過去に遡って適用されるため，これにより，過去の相続税又は贈与税の申告の内容に異動が生じ，相続税等が納めすぎになる場合には，国税通則法の規定に基づき所轄の税務署に更正の請求をすることにより，当該納めすぎとなっている相続税等の還付を受けることができます。

ただし，更正の請求の期限は法定申告期限等から5年（贈与税の場合は6年）以内と定められているため，当該期限を経過している相続税等については，法令上，減額できないこととされていますのでご注意ください。

第 4 章

宅地の評価単位

　土地の価額は，地目の別に評価することが原則です。ただし，一体として利用されている一団の土地が2以上の地目からなる場合には，その一団の土地は，そのうちの主たる地目からなるものとして，評価することとされています。
　また，評価単位については，宅地，農地，山林，原野，牧場・池沼，鉱泉地・雑種地ごとに財産評価基本通達で定められています。
　広大地評価や地積規模の大きな宅地の評価においても面積要件が定められていますが，この判定は宅地の評価単位と同様の基準で判定することとされているため宅地の評価単位の確認は重要です。
　そこで，この章では，土地評価のうち，単価も高く，最も多く実務で取り扱うであろう宅地の評価単位について解説します。

1 宅地の評価単位

　宅地の価額は、1画地の宅地（利用の単位となっている1区画の宅地をいう）ごとに評価しますが、具体的には、次のように判定します。

　なお、相続、遺贈又は贈与により取得した宅地については、原則として、取得者が取得した宅地ごとに判定しますが、宅地の分割が親族間等で行われた場合において、例えば、分割後の画地が宅地として通常の用途に供することができないなど、その分割が著しく不合理であると認められるときは、その分割前の画地を「1画地の宅地」とします。

(1) 所有する宅地を自ら使用している場合

　居住の用か事業の用かにかかわらず、その全体を1画地の宅地とします。

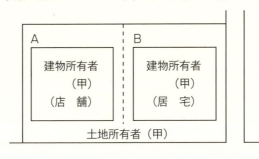

　自用の宅地であれば、他人の権利（借地権、賃借権、借家権等）による制約がないので、その全体を一体として利用することが可能です。したがって、自用の宅地は、その全体を利用の単位として評価することになります。

(2) 所有する宅地の一部について借地権を設定させ，他の部分を自己が使用している場合

　それぞれの部分を１画地の宅地とします。一部を貸家の敷地，他の部分を自己が使用している場合にも同様とします。

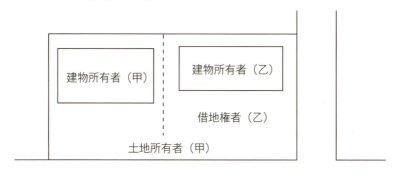

(3) 所有する宅地に隣接する土地について借地権を設定し，全体を自己が使用している場合

　所有する土地及び借地権の価額は，Ａ，Ｂ土地全体を１画地として評価した価額を基に，次の算式によって評価します。

〈算式〉

$$\text{Ａ土地の価額} = \begin{pmatrix} \text{Ａ，Ｂ土地全体を} \\ \text{１画地の宅地とし} \\ \text{て評価した価額} \end{pmatrix} \times \frac{\text{Ａ土地の地積}}{\text{Ａ，Ｂ土地の地積の合計}}$$

$$\text{Ｂ借地権の価額} = \begin{pmatrix} \text{Ａ，Ｂ土地全体を} \\ \text{１画地の宅地とし} \\ \text{て評価した価額} \end{pmatrix} \times \frac{\text{Ｂ土地の地積}}{\text{Ａ，Ｂ土地の地積の合計}} \times \text{借地権割合}$$

　なお，以下の丙の貸宅地を評価する場合には，Ｂ土地を１画地の宅地として評価します。

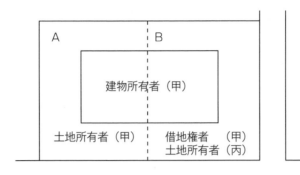

　図のように、甲は、A土地に所有権、B土地に借地権という異なる権利を有していますが、同一の者が権利を有し一体として利用していることから、全体を1画地として評価し、各々の権利の価額はそれぞれの宅地の地積の割合に応じてあん分した価額を基に評価します。

(4) 所有する宅地の一部について借地権を設定させ、他の部分を貸家の敷地の用に供している場合

それぞれの部分を1画地の宅地とします。

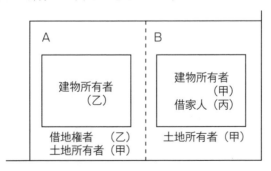

　図のような宅地については、A土地、B土地それぞれを1画地の宅地として評価します。

A土地には借地権が，B土地には借家権という他人の権利が存し，また，権利を有する者（借地権者，借家権者）が異なることから，利用の単位はそれぞれ異なると認められるため，別個に評価します。

(5) 借地権の目的となっている宅地を評価する場合

貸付先が複数であるときには，同一人に貸し付けられている部分ごとに1画地の宅地とします。

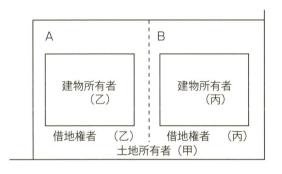

A，B土地には，ともに他人の権利（借地権）が存し，いずれも貸宅地として利用していますが，異なる者の権利の対象となっている（借地権者が異なる）ことから，利用の単位が異なると認められるため，別個に評価します。

(6) 貸家建付地（貸家の敷地の用に供されている宅地をいう）を評価する場合

貸家が数棟あるときには，原則として，各棟の敷地ごとに1画地の宅地とします。

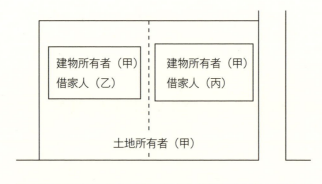

(7) 2以上の者から隣接している土地を借りて、これを一体として利用している場合

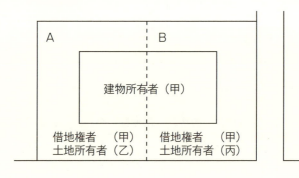

　2以上の者から隣接している土地を借りてこれを一体として利用している場合の借地権の価額は、借地権の目的となっているA土地及びB土地を合わせて1画地の宅地として評価します。

　なお、乙及び丙の貸宅地を評価する場合には、それぞれの所有する土地ごとに1画地の宅地として評価します。

第4章　宅地の評価単位

(8) **共同ビルの敷地の用に供されている宅地**

その全体を1画地の宅地として評価します。

例えば，次図のような場合には，A，B，C及びD土地全体を1画地の宅地として評価した価額に，甲，乙，丙及び丁の有するそれぞれの土地の価額の比を乗じた金額により評価します。この場合，土地の価額の比は次の算式によって計算して差し支えありません。

$$\text{土地の価額の比} = \frac{\text{各土地ごとに財産評価基本通達により評価した価額}}{\text{各土地ごとに財産評価基本通達により評価した価額の合計額}}$$

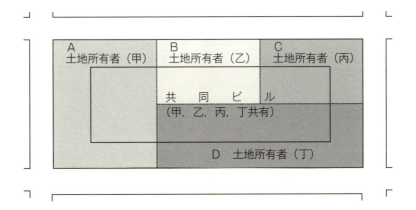

(9) **所有する宅地の一部を自己が使用し，他の部分を使用貸借により貸し付けている場合**

その全体を1画地の宅地として評価します。

また，自己の所有する宅地に隣接する宅地を使用貸借により借り受け，自己の所有する宅地と一体として利用している場合であっても，所有する土地のみを1画地の宅地として評価します。

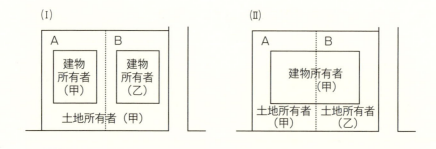

 したがって,(I)については,A,B土地全体を1画地の宅地として評価し,(II)については,A土地,B土地それぞれを1画地の宅地として評価します。

 なお,使用貸借に係る使用権の価額は,零として取り扱い,使用貸借により貸し付けている宅地の価額は自用地価額で評価します。

 これは,使用借権は,対価を伴わずに貸主,借主間の人的つながりのみを基盤とするもので借主の権利はきわめて弱いことから,宅地の評価にあたってはこのような使用借権の価額を控除すべきではありません。したがって,(I)のように,所有する宅地の一部を自己が使用し,他の部分を使用貸借により貸し付けている場合には,全体を自用の土地として1画地の宅地として評価します。

 また,(II)のように,使用貸借で借り受けた宅地を自己の所有する宅地と一体として利用している場合であっても,甲の権利はきわめて弱いことから,A土地,B土地それぞれを1画地の宅地として評価します。なお,B土地は乙の自用の土地として評価します。

⑽ 自用地と自用地以外の宅地が連接している場合

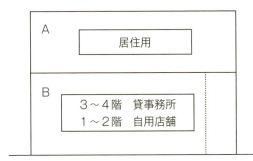

（注）A土地，B土地とも同一の者が所有し，A土地は自用家屋の敷地として，B土地は左のように利用している1棟の建物の敷地として利用している。

　A土地は所有者が自ら使用する他者の権利が存しない土地ですが，B土地は所有者が自ら使用する一方で他人の権利（借家権）も存する土地であり，A，B両土地は利用の単位が異なっているといえますから，別個の評価単位となります。

　なお，これらの土地は次のように評価することになります。
① A土地については，通路部分が明確に区分されている場合には，その通路部分も含めたところで不整形地としての評価を行う。
　　通路部分が明確に区分されていない場合には，原則として，接道義務を満たす最小の幅員の通路が設置されている土地（不整形地）として評価するが，この場合には，当該通路部分の面積はA土地には算入しない。また，無道路地としての補正は行わないことに留意する。
② B土地については，B土地を一体として評価した価額を，原則として，建物の自用部分と貸付部分との床面積の比により按分し，それぞれ自用部分の価額と貸付部分について貸家建付地としての評価をした価額を算出し，その合計金額をもって評価額とする。

(11) 地目の異なる土地が一体として利用されている場合

① 甲が，次の図のように建物の敷地部分は乙から，駐車場部分は丙からそれぞれ賃借している場合

甲の有する借地権と賃借権は以下のように評価されます。

B土地は，スーパーマーケットの買物客の駐車場としてA土地と一体として利用されていることから，A，B土地を一団の土地（宅地）として評価し，その価額をそれぞれの土地の地積の割合に応じて按分してA土地とB土地の価額を求め，A土地の価額に借地権割合を，B土地の価額に賃借権割合をそれぞれ乗じて借地権の価額及び賃借権の価額を評価します。

なお，乙の貸宅地（底地）の価額を評価する場合には，A土地を1画地の宅地として評価し，丙の貸し付けられている雑種地の価額を評価する場合には，B土地を一団の雑種地として評価します。

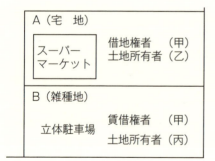

※ B土地は，甲が賃借権の登記を行い，2階建立体駐車場（構築物）を設け，スーパーマーケットの買物客の駐車場として利用している。

これは，一体として利用されている一団の土地が2以上の地目からなる場合には，その一団の土地は，そのうちの主たる地目からなるものとして，その一団の土地ごとに評価するものとしています。

また，一団の土地の上に存する権利が借地権及び賃借権と異なっていても，それらの権利に基づき1の者が一団の土地を一体として利用しており，その者にとって一団の土地の価額に差異は生じないものと認められることから，一団

の土地の価額をそれぞれの地積の割合に応じて按分し、借地権及び賃借権の評価の基礎となる土地（自用地）価額を算出します。

② 甲が、次の図のように自己の所有するＡ土地に隣接するＢ土地を乙から賃借し、資材置場として利用している場合

甲の所有するＡ土地の価額は、以下のように評価されます。

所有する土地に隣接する土地を賃借して所有する土地と一体として利用している場合には、原則として、所有する土地と賃借権の設定されている土地を一団の土地（１画地の宅地）として評価した価額を基礎として所有する土地と賃借権の価額を計算することになりますが、その賃借権の賃貸借期間が短いことによりその賃借権の価額を評価しない場合には、所有する土地のみを１画地の宅地として評価します。したがって、図の場合には、甲の所有するＡ土地のみを１画地の宅地として評価します。

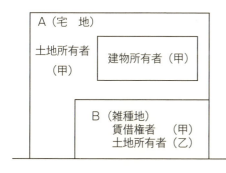

※ Ｂ土地に設定された賃借権の内容は、資材置場として一時的に使用することを目的とするもので、契約期間は１年間で地代の授受はあるが権利金の授受はない。

これは、一時的、臨時的な賃借権については、その経済的価値がきわめて小さいものと考えられることから、その価額は評価せず、またその一方、賃借権の目的となっている雑種地の価額は、自用地価額で評価するためです。

(12) 単独所有地と隣接する共有地

単独所有の自用地としてなんら制約もなく利用できる土地と、共有財産であ

る土地は，共有物の変更や処分は共有者の同意が必要であることなど単独所有の場合と比較して使用，収益及び処分について制約があることから，それぞれの土地を1画地の宅地として評価することが相当と考えられます。

なお，「相続人の一人が遺産分割により取得した単独所有地及び共有地（全体が同族法人に賃貸され，当該法人が立体駐車場の敷地として利用している）について，当該共有地が，遺産分割の前後を通じて当該単独所有地と同一の用途に供される蓋然性が高いと認められる場合には，共有地であることによる使用等の制約は実質的には認められないから，当該単独所有地と区分して評価する必要はない」とする公表裁決事例（平成24年12月13日裁決）にも留意して評価単位については，判断が必要です。

(13) 複数の貸家が建っている敷地

貸家が数棟ある場合には，原則として，各棟の敷地ごとに1画地の宅地として評価します。この場合，それらの貸家を法人へ一括して賃貸し，その法人が第三者に転貸する方法による場合も，各棟の敷地ごとに1画地の宅地として評価すると考えられます。

しかし，複数の貸家を1つの同族法人等へ譲渡し，その法人が賃貸している場合には，土地所有者と同族法人等の関係は土地の貸借関係にあることから，土地の借主は同族法人等だけであることからその敷地は全体を1画地として評価することになります。

(14) 駐車場用地の場合

駐車場用地として一体利用している土地でも，土地所有者自らが月極め駐車場として利用している土地と，コインパーキング業者へ土地を一括貸しして時間貸し駐車場として利用しているときは，利用方法が異なることから評価単位が2画地とされます。月極め駐車場は自用地として評価するのに対して，時間貸し駐車場は賃借権が設定されている土地として評価することになるため，評価単位は2画地として評価します。

⑮ 里道で分断されている宅地

　法定外公共用物（道路法や河川法等の特別法が適用（又は準用）されない公共物）である国有地等を，自宅の敷地として一体利用している場合，相続税の評価にあたっては，それを含めて一体として評価し，その法定外公共用物の払下費用相当額を控除して評価するのが相当であると考えられます。

　ところで，この法定外公共用物の払下価格の具体的な金額は，実際に払下げの申請を行わないと判明しませんが，国有財産評価基準(注)により算定した金額を控除することが相当と考えられます。

　ただし，この法定外公共用物の払下げができない特段の事情がある場合には，この法定外公共用物部分（いわゆる畦畔（赤道又は里道）や水路（青道））を除いて評価することになるものと思料されます。

　なお，この取扱いは，赤道等を含めて土地を一体利用しているという現況を考慮してのものであり，赤道等を挟んだ双方の土地が独立して利用され，また，赤道等の払下げができる状況等になければ，原則どおり，双方の土地をそれぞれ別個の評価単位として評価することに留意すべきものとされています。

（注）国有財産評価基準第3章（評価の特例）「第3　単独利用困難な土地の評定価格の求め方」によると，赤道等は，以下のように算定するとされています。

$$\text{数量単位当たりの評定価格} = \left[\begin{array}{c}\text{取引事例価格を基とした価格} \\ \text{（更地価格）}\end{array} - \begin{array}{c}\text{造成・有益費等相当額}\end{array}\right] \times [1-\text{借地権等割合}] \times \text{需給関係による修正率}$$

※需給関係による修正率は，評価土地が私道敷地の場合は，50％としています。

2　不合理分割

　宅地は，1画地の宅地を評価単位とするとしています。しかし，贈与，遺産分割等による宅地の分割が親族間等で行われた場合において，例えば，分割後の画地が宅地として通常の用途に供することができないなど，その分割が著しく不合理であると認められるときは，その分割前の画地を「1画地の宅地」とするとされています。
　そこで，不合理分割に該当する事例について確認しておきます。

(1) 不合理分割の判断

　次頁の図(a)〜(f)のように，宅地のうちA部分は甲が，B部分は乙が相続した場合の宅地の評価単位を考えてみましょう。
　(a)については現実の利用状況を無視した分割であり，(b)は無道路地を，(c)は無道路地及び不整形地を，(d)は不整形地を，(e)は奥行短小な土地と無道路地を，(f)は接道義務を満たさないような間口が狭小な土地を創出する分割であり，いずれも，分割時のみならず将来においても有効な土地利用が図られず通常の用途に供することができないでしょう。著しく不合理な分割と認められるため，全体を1画地の宅地としてその価額を評価したうえで，個々の宅地を評価するのが相当と考えます。
　具体的には，原則としてA，B宅地全体を1画地の宅地として評価した価額に，各土地の価額の比を乗じた価額により評価します。
　例えば，遺産分割により(a)〜(f)のように現実の利用状況を無視した不合理な分割が行われた場合において，仮に甲，乙それぞれが取得した部分ごとに宅地の評価を行うこととすると，無道路地としての補正や奥行が短小であることによる補正を行うことになるなど，実態に則した評価がなされないことになります。

第4章 宅地の評価単位

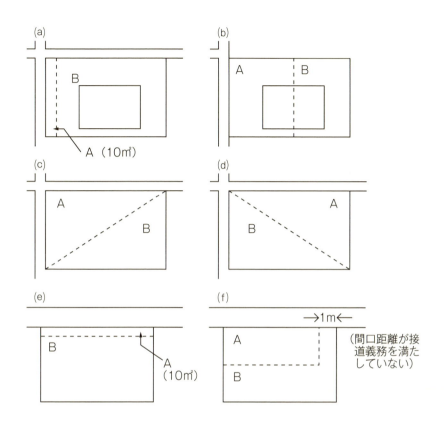

 そのため、著しく不合理な分割が行われた場合は、実態に則した評価が行えるよう、その分割前の画地を「1画地の宅地」として評価することとしています。「その分割が著しく不合理であると認められる場合」とは、無道路地、帯状地又は著しく狭あいな画地を創出するなど分割後の画地では現在及び将来においても有効な土地利用が図られないと認められる分割をした場合が考えられます。
 なお、この取扱いは同族会社間等でこのような不合理分割が行われた場合にも適用されます。

(2) 不合理分割の計算例

次の図のようにA土地は乙(子), B土地は甲(親)が所有していました。今回, 甲が亡くなったことにより, 乙はB土地を相続により取得します。この場合, B土地の評価はどのようになりますか。

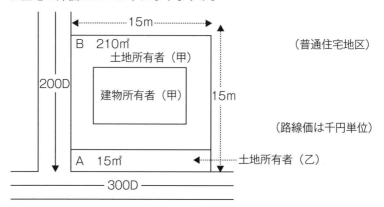

A土地は単独では通常の宅地として利用できない宅地であり, 生前の贈与における土地の分割は不合理なものと認められます。

したがって, 分割前の画地（A, B土地全体）を「1画地の宅地」とし, その価額を評価したうえで個々の宅地を評価するのが相当です。

A, B土地全体を1画地の宅地として評価した価額に, A, B土地を別個に評価した価額の合計額に占めるB土地の価額の比を乗じて評価します。

[計算例]
・A, B土地全体を1画地として評価した価額

正面路線価	奥行価格補正率		側方路線価	奥行価格補正率	側方路線影響加算率	地積	
(300,000円 ×	1.00	+	200,000円 ×	1.00	× 0.03)	× 225㎡	= 68,850,000円

・Aを単独で評価した価額

正面路線価	奥行価格補正率		側方路線価	奥行価格補正率	側方路線影響加算率	地積	
(300,000円 ×	0.90	+	200,000円 ×	1.00	× 0.03)	× 15㎡	= 4,140,000円

第4章 宅地の評価単位

- Bを単独で評価した価額

正面路線価　奥行価格補正率　地積
200,000円 × 1.00 ＋ 210㎡ ＝ 42,000,000円

- Bの評価額

$$68{,}850{,}000円 \times \frac{42{,}000{,}000円\ (価額の比)}{4{,}140{,}000円 + 42{,}000{,}000円} = 62{,}672{,}301円$$

　なお，乙がA土地を甲から贈与を受けて取得した場合，贈与税の申告におけるA土地の評価額も，原則として，A，B土地全体を評価した価額にA土地の価額の比を乗じて算出することに留意してください。

コラム　不動産の物納

　租税は，金銭で納付することが原則ですが，相続税に限っては，納付すべき相続税額を納期限まで又は納付すべき日に延納によっても金銭で納付することを困難とする事由がある場合には，その納付を困難とする金額を限度として，物納申請書及び物納手続関係書類を提出のうえ，一定の相続財産で納付することが認められています。これを「物納」といいます。

　不動産オーナーの場合には，所有する財産の多くが不動産で占められていて，相続税を現金で納付することが困難であることも予想されます。その場合には，不動産の物納についても事前の検討と準備が必要となります。

(1) 物納の要件

　物納の許可を受けるためには，次に掲げるすべての要件を満たしていなければなりません。

　① 延納によっても金銭で納付することが困難な金額の範囲内であること
　② 物納申請財産が定められた種類の財産で申請順位によっていること
　③ 物納申請書及び物納手続関係書類を期限までに提出すること
　④ 物納申請財産が物納適格財産であること

(2) 物納に充てることのできる財産の種類及び順位

　物納に充てることができる財産は，納付すべき相続税額の課税価格計算の基礎となった財産（生前贈与加算の規定により相続税の課税価格に加算されたものを含み，相続時精算課税による贈与財産，又は非上場株式等についての贈与税の納税猶予の適用を受けている株式等を除く）で，日本国内にあるもののうち，次に掲げる財産（相続財産により取得した財産を含む）で，次に掲げる順位（物納劣後財産を含めた申請の順位は①から⑤の順になる）によることとされています。

順　位	物納に充てることのできる財産の種類	
	平成29年3月31日以前の物納申請	平成29年4月1日以後の物納申請
第1順位	①国債，地方債，不動産，船舶	①不動産，船舶，国債証券，地方債証券，上場株式等（特別の法律により法人の発行する債券及び出資証券を含み，短期社債等を除く。）
	②不動産のうち物納劣後財産に	②不動産及び上場株式のうち物

第2順位	該当するもの ③社債, 株式(特別の法律により法人の発行する債券及び出資証券を含む。), 証券投資信託又は貸付信託の受益証券 ④株式(特別の法律により法人の発行する債券及び出資証券を含む。)のうち, 物納劣後財産に該当するもの	納劣後財産に該当するもの ③非上場株式等(特別の法律により法人の発行する債券及び出資証券を含み, 短期社債等を除く。) ④非上場株式のうち物納劣後財産に該当するもの
第3順位	⑤動産	⑤動産

なお, 物納に充てることができる財産が2種類以上ある場合には, 上表の順位で物納に充てることが必要です。しかし, 次のような場合には, この順位によらないことができます。

イ．その財産を物納すれば, 居住又は営業を継続して, 通常の生活を維持するのに支障を生ずるような特別の事情がある場合

ロ．先順位の財産を物納に充てるとすれば, その財産の収納価額がその納付すべき税額を超える場合など, 適当な価額の財産がない場合

(3) **物納申請財産の収納価額**

物納申請財産の収納価額は, 原則として, 相続税の課税価格計算の基礎となった相続財産の価額になります。そのため,「小規模宅地等の特例」などの相続税の課税価格の計算の特例の適用を受けた相続財産を物納する場合の収納価額は, これらの特例適用後の価額が収納価額となります。

ただし, 収納の時までに物納財産の状況に相続時と比べて著しい変化があった場合には, 収納の時の現況により評価した価額になります。

(4) **土地の物納に関する誤解**
① **土地を物納する場合, 優良な土地からしかできない?**

優良な土地を相続税の納税のために, 相続の都度, 譲渡や物納をすると, 後には換金処分の困難な土地や活用ができない土地などが残ることになります。

しかし, 相続対策としては,「優良な資産を残すことができる」ものであってもらいたいものです。そこで, 不動産が財産の大半を占める人は, 所有する不動産を, 資産価値の高い不動産とそうでない不動産に, そして, 残すべき不動産と換金処分やむなしと考える不動産に区分して, 資産価値が高く, かつ, 残したい不動産を確実に残せる対策をとるとともに, 資産価値が低く, 換金処

分もやむなしと考える不動産は物納の対象とするなどの対策が相続対策の基本であると思います。

物納要件を満たす場合に，物納を選択するときには，相続人が物納申請期限までに物納申請書及び物納手続関係書類を提出することが要件とされています。税務署長は物納申請書が提出された場合，物納の要件に該当するかどうかを調査し，要件に該当しない場合には，物納申請を却下することとしています。

つまり，「何を物納申請するのか」という物納財産の選択権は，「相続人」にあることを誤解しないようにしてください。

② **貸宅地と更地を相続した場合，貸宅地を物納することができない？**

物納申請財産は，定められた申請順位によっていることが要件とされ，不動産は第１順位と定められています。しかし，不動産の中で，利用区分（例えば更地，貸地など）による優先順位の定めはありません。そのため，相続した財産の中に，貸宅地と更地があったとしても，相続人がいずれの財産を物納申請するかを選択すればよいことになります。

貸宅地の物納は，通常は借地人以外には売却することが難しい貸宅地を相続税評価額で国が買い取ってくれると解釈すれば，貸宅地の物納は非常に納税者にとってありがたい制度で，物納申請を通じて，権利関係が錯綜している不動産の整理を行う絶好の機会と考えることができます。有効活用が可能な更地を相続税の納税のために手放すのでなく，物納制度を賢く利用して，相続人にとって収益性が低い財産などを納税に充てることにより，優良な資産を子孫へ遺すことが可能となります。

貸宅地の物納は，以下のような特有の問題があります。

イ 借地人と最低売却価格（収納価額）を明示して折衝できる（物納によらず借地人へ譲渡又は借地人から借地権を買戻しすることによって権利関係を清算することもできる）

ロ 借地人の協力が必要（各種確認書に借地人の署名と押印が必要）

ハ 借地人の協力を得るためには，物納後の地代や国から底地を買い取りたい場合の方法などについて，財務局の資料などに基づき借地人に説明が必要

以上のことから，貸宅地の物納においては，税理士が重要な役割を担うことになることが多いと思われます。

③ **相続財産に現金・預貯金が多額にあると物納はできない？**

物納要件のうち，「延納によっても金銭で納付することが困難な金額」については，相続人ごとに判定することとされていますので，相続財産の中に多額の現金・預貯金があっても，被相続人の配偶者が現金・預貯金をすべて相続するなどの遺産分割を行うことによって，現金・預貯金を相続しなかった相続人は物納による納税選択の可能性が高まります。

第4章 宅地の評価単位

【設例】
① 前提
・被相続人　父（平成29年4月死亡）
・相続人　母・長男
・相続財産
　現金1.6億円，A土地　1.2億円，B貸宅地　4,000万円
② 遺産分割案

（単位：万円）

	分割案1		分割案2	
	母	長男	母	長男
現金	16,000	—	10,000	6,000
A土地	—	12,000	6,000	6,000
B貸宅地	—	4,000	—	4,000
課税価格	16,000	16,000	16,000	16,000
基礎控除	4,200		4,200	
相続税額	0	3,860	0	3,860

　分割案1によれば，長男は金銭納付困難事由に該当し，B貸宅地の物納が許可される可能性が高いと考えられます。その場合，超過物納になると差引140万円が金銭で還付されます。一方，分割案2によると，相続した現金で一時納付が可能と思われることから物納申請は却下されることになります。このように，遺産分割のあり方によって物納許可の可否が異なることになります。

　なお，土地建物の物納申請に当たり，登記事項証明書などを添付することとされていますが，登記情報提供サービスから入手した登記事項証明書は，公印が押印されていないため添付資料としては利用できないことに留意してください。

第5章

取引相場のない株式等の評価方法の基本

　自社株の相続税評価額の算定は，毎期決算が終了したら税理士がお客様に対して行うべき基本の業務と思います。

　その場合，円単位まで正確に算定する方法と，自社株対策を実行するための参考価額として簡便的に評価する（例えば，純資産価額の算定において，資産を評価する場合に簡単に時価評価できる資産に限って評価替えを行う）方法が考えられます。

　いずれの方法によっても，せっかく自社株評価を行ったのですから，その評価明細書を活用して具体的な自社株対策に活かすことが大切です。

　そこで，この章では自社株の評価方法の基本のうち，同族株主等と同族株主等以外の株主の区分について解説します。

1 同族株主等の判定

　自社株評価については，まず，評価対象者が同族株主等かそれ以外の株主かの確認から始めます。同族株主等とは，「同族株主」と同族株主のいない会社における「議決権割合の合計が15％以上の株主グループに属する株主」をいいます。

　同族株主等に該当する場合には，原則として会社規模区分に応じて類似業種比準価額と純資産価額との併用方式によって自社株の相続税評価額が求められます。そのため，評価会社の会社規模区分の確認が必要となります。さらに，評価会社が特定の評価会社に該当していると，通常の評価額よりも高く評価されることになりますので，その確認も重要です。

　同族会社の株式を所有することは，大株主（同族株主）にとっては，「会社支配権」，「会社経営権」を有するという意味を持つのに対し，その他の少数株主にとっては，「配当を受ける権利」を持つという意味にすぎません。したがって，同族会社の自社株は，相続する株主の態様により評価方法も変わって

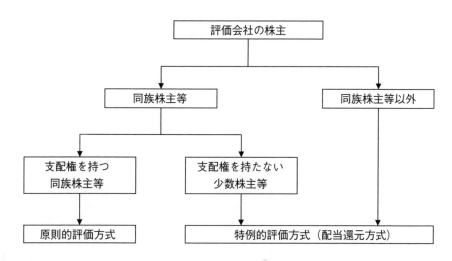

きます。

　すなわち，支配権等を有する同族株主が取得する株式の評価は，原則として，会社の業績や資産内容を株価に反映させた原則的評価方式（類似業種比準方式，又は純資産価額方式，あるいはこれらの併用方式）により評価し，その他の少数株主が取得する株式の評価は，特例的評価方式（配当還元方式）により行うこととされています。

　その株主が有する評価会社の議決権割合に応じて，評価方法が異なります。

(1) 同族株主のいる会社の場合の評価方式

株主の態様						評価方式
評価対象者	同族株主	評価対象者	取得後の議決権割合が５％以上の株主			原則的評価方式（類似業種比準方式又は純資産価額方式，若しくはそれらの併用方式）
			取得後の議決権割合が５％未満の株主	中心的な同族株主がいない場合		
				中心的な同族株主がいる場合	評価対象者	中心的な同族株主
						役員又は役員予定者
					その他の株主	特例的評価方式（配当還元方式）
	同族株主以外の株主					

　同族株主とは，課税時期における評価会社の株主のうち，<u>株主の１人及びその同族関係者</u>(※)の有する議決権の合計数が，その会社の議決権総数の30％以上である場合における<u>その株主及びその同族関係者</u>をいいます。

　なお，議決権総数が30％以上である株主グループが２つある場合において，その評価会社の株主のうち，<u>株主の１人及びその同族関係者</u>の有する議決権の合計数のうち最も多いグループの有する議決権の合計数が，その会社の議決権総数の50％超である会社にあっては，<u>50％超のその株主及び同族関係者</u>をいいます。

※　同族関係者とは，法人税法施行令４条に定める「特殊の関係のある個人」と「特殊の関

係のある法人」の2つからなります。

特殊の関係のある個人とは、①株主の親族（配偶者、6親等内の血族及び3親等内の姻族）、②株主といわゆる内縁関係にある者、③株主（個人）の使用人、④前三者以外の者で株主（個人）から受ける金銭その他の資産によって生計を維持しているもの、⑤②～④に掲げる者と生計を一にするこれらの者の親族をいいます。

特殊の関係のある法人とは、①株主等（個人の場合には、特殊の関係のある個人を含む）の1人が支配する会社、②①の会社によって支配されている会社、③②の会社によって支配されている会社をいいます。この場合の支配とは、株主等（個人の場合には、特殊の関係のある個人を含む）の1人が発行済株式の過半数を有する場合、又は、議決権の過半数を有する場合をいいます。

議決権割合の計算の際に1％未満の端数は切り捨てます。なお、これらの割合が50％超から51％未満までの範囲内にある場合には、1％未満の端数を切り上げて「51％」とします。

会社を支配するためには、一族でその会社の議決権総数の過半数を占めるか、過半数を占めなくても相当数の議決権を所有するかが必要となります。同族株主の範囲を議決権総数の30％としているのは、法人税における同族会社判定が3グループで50％を占める場合とされ、1グループの議決権所有割合がおおむね17％と考えられることに着目し、そのおおむねその2倍を目安としたものです。

留意すべき点は、同族株主を判定する場合の「株主の1人」は、納税義務者に限らないことです。株主のうちのいずれか1人を中心にして判定したときに

■ケース別：同族株主の判定例

	ケース1（A社）		ケース2（B社）		ケース3（C社）			
	議決権割合	同族株主の判定	議決権割合	同族株主の判定	割合（注）			同族株主の判定
					株式	議決権		
山本一族	45％	該当	51％	該当	60％	20個	33％	非該当
田中一族	30％	該当	40％	非該当	35％	35個	58％	該当
その他少数株主	25％	－	9％	－	5％	5個	8％	－

（注）　C社は「無議決権株式」を発行していて、山本一族の株主が所有する株式数のうち無議決権株式が40％を占めている。

第5章　取引相場のない株式等の評価方法の基本

納税義務者を含む同族関係者グループが「同族株主」に該当する場合には、その納税義務者は「同族株主」になります。この判定について、以下の2つの設例で確認してみます。

【設例1】　株主の1人からの判定（A社の場合）
1　前提

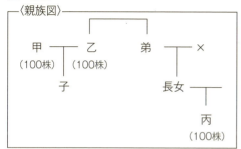

- A社の株主構成（発行済株式総数　1,000株）
  甲100株、乙100株、丙（※）100株、山本一族450株、その他の株主250株
  ※　長女が死亡し、丙が全株（100株）を相続した。

2　丙は同族株主に該当するか否かの判定
　① 丙から判定
　同族関係者は、乙が該当します。丙から判定すると甲は4親等の姻族に該当し、同族株主を判定する際の同族関係者には該当しません。そのため、議決権割合は20％となり、同族株主以外の株主に該当します。
　② 乙から判定
　同族関係者には、甲及び丙が該当します。乙から判定すると丙は4親等の血族に当たり同族株主を判定する際の同族関係者に該当します。そのため、議決権割合は30％となり、同族株主と判定されます。

3　判定結果
　以上のことから、株主の1人である乙から判定すると、甲も丙も同族株主に該当することから、全員が同族株主になります。丙は、同族株主で、かつ、取得後の議決権が5％以上となることから、相続により取得した株式（100株）は、原則的評価方式によって評価されます。

【設例2】 「姻族関係終了届」が提出されているか否かによる判定（B社の場合）

1 前提

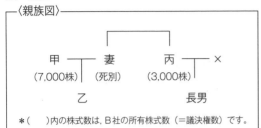

〈親族図〉

甲 ─── 妻   丙 ─── ×
(7,000株) (死別) (3,000株)
       乙   長男

＊（　）内の株式数は，B社の所有株式数（＝議決権数）です。

- 被相続人　丙
- 丙の相続人　長男
- 丙の財産　B社株式3,000株及びその他の財産をすべて長男が相続した
- B社株式（発行済株式数10,000株(※)）の株主等の状況

※甲7,000株，甲の妻の弟（丙）3,000株。すべて普通株式で，1株につき1個の議決権を有するものとする。

2 長男は同族株主に該当するか

　丙の生前中に，姻族関係終了届の提出が甲によって行われていた場合には，長男は甲の姻族に該当しません。また，甲がB社の議決権の過半数を有していることから，長男はB社における「同族株主以外の株主」に該当し，特例的評価方式によって評価することができます。

　しかし，丙の生前中に，姻族関係終了届の提出が行われていなかった場合には，長男は，甲の3親等の姻族に当たりB社の「同族株主」に該当することとなります。また，取得後の議決権割合が5％以上であることから，原則的評価方式によって評価することとなります。

コラム　姻族関係終了届

　夫婦が離婚すると姻族関係は自動的に終了します。しかし，夫婦の一方が死亡しても，遺された配偶者と死亡者の親族との姻族関係は終了しません。遺された配偶者が死別後「姻族関係終了届」を，届出人の本籍地または所在地のいずれかの市区町村役場に提出すれば，届けた日からその姻族関係を終了させることができます。

　夫が亡妻と同籍しているとき，姻族関係終了の届出をすると，戸籍謄本（あるいは除籍謄本）の身分事項欄には，次のように記載されます。

> ■縦書き戸籍の記載例
> 平成○○年○月○日妻○○の親族との姻族関係終了届出
> ■コンピューター戸籍の記載例
> 【死亡配偶者の親族との姻族関係終了日】　平成○○年○月○日
> 【死亡配偶者氏名】　○○○○
>
> 　取引相場のない株式の評価においては，同族株主のうち夫婦の一方が死亡している株主がいる場合には，姻族関係終了届の提出の有無によって同族株主の判定に大きな影響があります。

(2) 同族株主がいない会社の場合の評価方式

株主の態様						評価方式
評価対象者	議決権割合の合計が15％以上の株主グループに属する株主	評価対象者	取得後の議決権割合が5％以上の株主			原則的評価方式（類似業種比準方式又は純資産価額方式，若しくはそれらの併用方式）
			取得後の議決権割合が5％未満の株主	中心的な株主がいない場合		
				中心的な株主がいる場合	役員又は役員予定者	
					その他の株主	特例的評価方式（配当還元方式）
	議決権割合の合計が15％未満の株主グループに属する株主					

　中心的な株主とは，同族株主のいない会社の株主で，課税時期において株主の1人及びその同族関係者の有する議決権の合計数がその会社の議決権総数の15％以上である株主グループのうち，いずれかのグループに「単独」でその会社の議決権総数の10％以上の議決権を有している株主がいる場合におけるその株主をいいます。

2 同族株主等のうち支配権を有するか否かの判定

(1) 議決権の確認

自社株評価において、その評価会社の議決権の確認が欠かせません。1株＝1個の議決権とは限らないため、細心の注意を払わなければなりません。

① 法人税の申告書（別表第二）

法人税の申告書のうち、「同族会社等の判定に関する明細書」は、その事業年度終了の日において、法人が同族会社に該当するかどうか及び同族会社の特別税率の規定の適用がある同族会社に該当するかどうかを判定するために使用します。

「判定基準となる株主（社員）及び同族関係者」欄は、その会社の株主の1人及びその同族関係者の所有する株式数又は出資金額の合計が最も多いものから順次記載することとされています。

その申告書から、その会社の株主及び議決権の保有状況を確認することができますが、真の株主を表していないこともあることに留意しておかなければなりません。

② 登記事項証明書

種類株式の発行の有無、譲渡制限会社か否かについて確認が必要です。会社法108条に規定する種類株式（譲渡制限株式、拒否権付株式（黄金株）や議決権制限株式等）を発行した場合には、その内容は登記事項とされていますので、登記事項証明書でその登記の有無が確認できます。

③ 定款

会社法109条2項では、非公開会社においては、株主ごとに異なる取扱いを

行う旨を定款で定めることができると規定しています。例えば,「甲野太郎が所有する株式以外の株式については,議決権を有しない」といったような定めです。

このときに,その異なる取扱い(属人的定め)を受ける株式を属人的株式と呼びます。この属人的株式が認められるのは以下の権利についてのみです。
- 剰余金の配当を受ける権利
- 残余財産の分配を受ける権利
- 株主総会における議決権

なお,剰余金の配当を受ける権利及び残余財産の分配を受ける権利の双方を奪う定款の定めは認められません。

属人的定めがある場合には,1株=1個の議決権でないこともあります。この定めは登記事項とされていないことから,最新の定款を確認することが必要です。

■種類株式と属人的株式の差異

	対象となる会社	設定内容	定款	登記	権利の帰属
種類株式	公開会社でも発行可能な種類株式がある	株式の権利内容に差異を設定	記載要	必要	株式に帰属(株式が異動すれば権利も異動する)
属人的株式	非公開会社(すべての株式について譲渡制限のある会社)だけが規定することができる	特定の株主について属人的な取扱いを設定	記載要	不要	人に帰属(株式が異動しても権利は異動しない)

・株式の種類の内容

発行するすべての株式の内容として,特別の定めをすることができる事項は,①譲渡制限,②取得請求権,③取得条項による会社の強制取得の3つの事項に限られています。

また,多くの中小企業にみられる譲渡制限株式しか発行していない会社は,

1種のみの株式しか発行していない会社に該当し，種類株式発行会社ではありません。

	1種のみ発行会社（すべての株式）	2種以上の株式発行会社（種類株式発行会社）	属人的定めのある会社
剰余金の配当	－	○	○
残余財産分配	－	○	○
議決権の制限	－	○	○
譲渡制限	○	○	－
取得請求権付	○	○	－
取得条項による強制取得	○	○	－
総会決議による強制取得	－	○	－
拒否権付株式	－	○	－

④ 貸借対照表の自己株式の有無

評価会社が自己株式を有している場合には，自己株式に係る議決権の数を0として計算した議決権の数をもって評価会社の議決権総数とします。

これは，評価会社の意向を受けた議決権の行使がされることによって総会決議が歪められるという弊害があるためで，議決権を有しないこととされる相互保有している株式と同様の考え方によるものです。

これにより，会社経営者が実質的に自己の支配下にある会社間で相互に株式を所有させても，自己の持株を配当還元方式により評価することはできません。

⑤ 個別注記表

種類株式を発行している場合には，決算書に注記をすることが必要とされています。議決権については，無議決権株式や拒否権付種類株式の発行があれば，取引相場のない株式等の相続税評価額の計算に影響を与えます。

第5章 取引相場のない株式等の評価方法の基本

> **会社計算規則（会社法）**
> 第105条　株主資本等変動計算書に関する注記は，次に掲げる事項とする。この場合において，連結注記表を作成する株式会社は，第2号に掲げる事項以外の事項は，省略することができる。
> 一　当該事業年度の末日における発行済株式の数（種類株式発行会社にあっては，種類ごとの発行済株式の数）
> 二　当該事業年度の末日における自己株式の数（種類株式発行会社にあっては，種類ごとの自己株式の数）
> 三　（略）
> 四　当該事業年度の末日における当該株式会社が発行している新株予約権（法第236条第1項第4号の期間の初日が到来していないものを除く。）の目的となる当該株式会社の株式の数（種類株式発行会社にあっては，種類及び種類ごとの数）

⑥　株主名簿

　株式会社は，会社法121条において，株主名簿を作成し，これに一定の株主名簿記載事項を記載し，又は記録しなければならないとしています。
　そこで会社が備え付けている株主名簿から株主の異動等について確認します。

・**株主リスト**

　平成28年10月1日以降の株式会社・投資法人・特定目的会社の登記の申請にあたっては，添付書面として，「株主リスト」が必要となる場合があります。株主リストの作成にあたって，既存の「同族会社等の判定に関する明細書」や有価証券報告書の記載事項を流用することが認められています。
　株主リストの添付は，次の2つの場合に必要となります。

(a)　**登記すべき事項につき株主総会の決議（種類株主総会の決議）を要する場合**

　例えば，株主総会を経て行われる役員の変更の登記などについては，議決権数上位10名の株主又は議決権割合が3分の2に達するまでの株主のうち，いずれか少ないほうの株主について，次の事項を代表者が証明するため以下の5点を記載した株主リストを添付します。

(1) 株主の氏名又は名称
(2) 住所
(3) 株式数（種類株式発行会社は，種類株式の種類及び数）
(4) 議決権数
(5) 議決権数割合

(b) 登記すべき事項につき株主全員の同意（種類株主全員の同意）を要する場合

株主全員について次の事項を代表者が証明するため以下の4点を記載した株主リストを添付します。

(1) 株主の氏名又は名称
(2) 住所
(3) 株式数（種類株式発行会社は，種類株式の種類及び数）
(4) 議決権数

申請書に添付された株主リストは商業登記簿の附属書類となるため，一定の要件のもとで閲覧請求が可能です（商業登記規則21条）。閲覧請求の要件・手続については，次のとおりです。

(附属書類の閲覧請求)
商業登記規則21条
　登記簿の附属書類の閲覧の申請書には，請求の目的として，閲覧しようとする部分を記載しなければならない。
2　前項の申請書には，第18条第2項各号（第3号を除く。）に掲げる事項のほか，次に掲げる事項を記載し，申請人又はその代表者若しくは代理人が署名し，又は押印しなければならない。
　一　申請人の住所
　二　代理人によって請求するときは，代理人の住所
　三　前項の閲覧しようとする部分について利害関係を明らかにする事由
3　第一項の申請書には，次に掲げる書面を添付しなければならない。
　一　申請人が法人であるときは，当該法人（当該登記所の管轄区域内に本店若しくは主たる事務所を有するもの又は第一項の申請書に会社法人等番号を記載したものを除く。）の代表者の資格を証する書面
　二　前項第三号の利害関係を証する書面

⑦ 取締役会議事録・株主総会議事録等

　株式の譲渡について会社の承認を必要とする旨の定款の定め（譲渡制限）がある場合，会社の承認を得ることができなければ，株式を譲渡しても株主名簿の書換えを請求することができないため（会社法134条），株式を譲渡するには会社の承認を得る必要があります。

　会社は定款に定められた機関により譲渡を承認するか否かを決定することになります。定款に承認機関について特段の定めがない場合には，取締役会設置会社の場合には取締役会，取締役会非設置会社の場合には株主総会の決議によることになります。会社は請求のあった日から2週間以内に株主に通知しなければなりません。2週間以内に株主に通知しなかった場合には会社は譲渡を承認したものとみなされます。

　そのため，株式の譲渡制限会社の株式の贈与などを行う場合には，贈与契約書以外にもその会社の承認の手続きが必要です。多くは取締役会や株主総会を承認機関として規定していますので，それらの議事録などを確認します。

(2) 取得後の議決権割合が5％未満か

　相続税の課税方法の考え方としては，遺産の総額を採る「遺産課税方式」と，取得者ごとの取得財産を採る「遺産取得課税方式」との2つの方式があります。

　現在の課税方式は，「遺産取得課税方式」に「遺産課税方式」の要素を一部取り入れたもの（法定相続分課税方式）となっています。

　そのため，取得後の議決権割合が5％未満であるか，中心的な同族株主に該当するかどうかなどについては，すべて課税時期，すなわち相続等による株式取得後の状況において判定することになります。

　議決権割合の判定においては，議決権総数や各相続人等の保有議決権数の判定では，以下の内容等について細心の注意が必要です。

① 評価会社が自己株式を有している場合

評価会社が自己株式を有する場合は，自己株式は議決権を有しない（会社法308条2項）から，その自己株式に係る議決権の数は0として計算した議決権の数をもって評価会社の議決権総数とします。

■例：評価会社甲社の株主構成

株主	持株数	持株割合	議決権数	議決権割合(注)
代表者A	500	50%	500	62%
知人B	150	15%	150	18%
知人C	150	15%	150	18%
甲社（自己株式）	200	20%	0	0%
合計	1,000	100%	800	100%

(注) 議決権数は小数点2位未満の端数は切り捨て（以下同じ）。

② 定款で属人的定めをしている場合

譲渡制限会社で，会社法109条2項によって，定款において属人的定めをしている会社では，1株＝1個の議決権でない会社も存在します。そのため，最新の定款で議決権に関する規定などを確認することが欠かせません。

③ 自社株が未分割である場合

自社株が未分割である場合には，相続税法55条（未分割財産に対する課税）の規定により，法定相続分等の割合に応じて株式を取得したものとして相続税の課税価格を計算することになります。

しかし，自社株の評価における各相続人の議決権割合を判定する場合は，各相続人ごとに，各々所有する株式数にその未分割の株式数の全部を加算した数に応じた議決権数を基に判定します。

第5章 取引相場のない株式等の評価方法の基本

■自社株が未分割である場合の「取得後の議決権数」の判定

	①分割前	②法定相続分	③取得後の議決権数 (①+40)	納税義務者 配偶者	子1	子2
被相続人	40	ー	ー	ー	ー	ー
配偶者	30	30+20=50	30+㊂40=70	70	30	30
子1	15	15+10=25	15+㊂40=55	15	55	15
子2	15	15+10=25	15+㊂40=55	15	15	55
合計	100	60+40=100	(60+40=100)	100	100	100

④ 単元株制度を採用している会社の場合

　各株主は，原則として，株式1株に付き1個の議決権を有することとされていますが，単元株制度（定款により，一定の数の株式をもって1個の議決権を行使することができる一単元の株式とする制度）を採用している会社は，一単元の株式につき1個の議決権を有することとなりますが，議決権を有しない単元未満株式については，これを除外して評価会社の議決権総数を確定させたうえで，納税義務者の議決権割合（評価対象株式を取得した後の割合）を確定させる必要があります。

　単元株式制度を採用している場合には，登記事項とされていますので，登記事項証明書で確認することができます。

⑤ 種類株式発行会社の場合（無議決権株式）

　無議決権株式は，議決権がないことから，原則的評価方式と特例的評価方式のいずれによって評価すべきかの判定における議決権割合を算定する株式数には算入されません。しかし，株主総会の一部の事項について議決権の行使ができない株式である場合は，その種類株式は議決権のある株式とされます。

　種類株式の発行については，登記事項証明書で確認することができます。

■無議決権株式の発行がある場合の議決権割合の判定

株式の区分		持株数		議決権数	
			持株割合		議決権割合
普通株式		100株	10%	100個	10%
種類株式	一部議決権あり	100株	10%	100個	10%
	全部議決権なし	50株	5%	0	0
小計		250株	25%	200個	21%
発行済株式数		1,000株	100%	950個	100%

⑥ 相互持合いとなっている会社の株式の場合

2つの会社がお互い、総株主の議決権の4分の1以上の株式を持っている場合などでは、議決権を行使することができない(会社法308条1項)とされています。

評価会社の株式につき議決権を有しないこととされる会社があるときは、当該会社の有する評価会社の議決権の数は0として計算した議決権の数をもって評価会社の議決権総数と判定します。

⑦ 投資育成会社が株主である場合

評価会社の株主のうちに投資育成会社があるときの議決権総数等については、以下のように取り扱われます。
(イ) 投資育成会社が同族株主に該当し、かつ、当該投資育成会社以外に同族株主に該当する株主がいない場合には、当該投資育成会社は同族株主に該当しないものとする。
(ロ) 投資育成会社が、中心的な同族株主又は中心的な株主に該当し、かつ、当該投資育成会社以外に中心的な同族株主又は中心的な株主に該当する株主がいない場合には、当該投資育成会社は中心的な同族株主又は中心的な株主に該当しないものとする。

(ハ) 上記(イ)及び(ロ)において，評価会社の議決権総数からその投資育成会社の有する議決権の数を控除した数をその評価会社の議決権総数とした場合に同族株主に該当することとなる者があるときは，その同族株主に該当することとなる者以外の株主については，上記(イ)及び(ロ)にかかわらず，「同族株主以外の株主等が取得した株式」に該当するものとする。

　上記の取扱いは，投資育成会社は，議決権を有するものの，投資先企業を支配することを目的として株式投資するものではないと認められること，また，「投資育成会社の有する株式数を控除した数をその評価会社の発行済株式数として」の判定を行うのは，投資育成会社による投資がないものとした場合に，本来，同族株主以外の株主として特例的評価方式を適用すべき株主が，「投資育成会社は同族株主に該当しないもの」とする取扱いにより評価会社が同族株主のいない会社となることにより，原則的評価方式を適用することとなるのは必ずしも適当でないと考えられるためです。

(3) 中心的な同族株主

　評価会社に中心的な同族株主がいて，評価対象者が中心的な同族株主に該当しないことを確認しなければなりません。

　中心的な同族株主とは，課税時期において，<u>同族株主の一人</u>並びにその株主の配偶者・直系血族・兄弟姉妹及び一親等の姻族の有する株式の合計数が，その会社の議決権数の25％以上である場合における<u>その株主</u>をいいます。

　この判定を行う場合の留意点は，以下の「中心的な同族株主判定の基礎となる同族株主の範囲」の図表の「株主Ａ」のところに，判定を行う人をおいて判定することです。

■**中心的な同族株主判定の基礎となる同族株主の範囲(網掛け部分)**

株主Aについて判定する場合

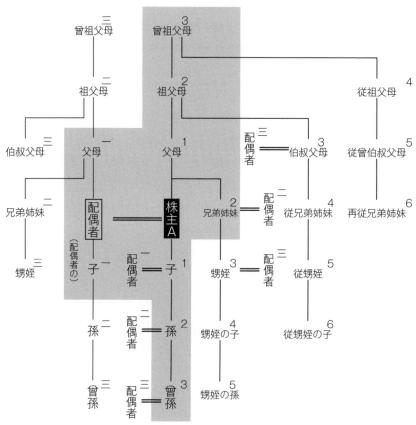

(注1) 肩書数字は親等を,うち算用数字は血族,漢数字は姻族を示しています。
(注2) 親族の範囲…親族とは①6親等内の血族,②配偶者,③3親等内の姻族をいいます。
(注3) 養親族関係…養子と養親及びその血族との間においては,養子縁組の日から血族間におけると同一の親族関係が生じます。

以下の設例で判定方法を確認することとします。

【設例】 大阪株式会社の株式の遺産分割等

1 前提
- 被相続人　甲
- 相続人　妻，子（乙），子（丙）。なお，乙には，孫1及び孫2がいる。
- 大阪株式会社の株主構成（発行済株式総数10,000株。すべて普通株式）
  甲　3,000株，甲の兄　6,000株，甲の兄の子　1,000株

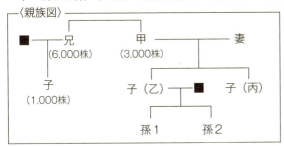

2 中心的な同族株主の判定

① 法定相続分どおり相続する場合

妻，乙及び丙は同族株主に該当し，かつ，取得後の議決権割合が5％以上であることから原則的評価方式によって評価することとなります。

また，中心的な株主に該当するか否かについては，以下のように判定します。

(i) 妻を「株主A」において判定すると，中心的な同族株主の範囲に入る株主は，妻，乙及び丙となります。その結果，議決権総数は30％となるため，妻は中心的な同族株主に該当します。

(ii) 乙を「株主A」において判定すると，中心的な同族株主の範囲に入る株主は，乙，丙及び妻（乙の母）となります。その結果，議決権総数は30％となるため，乙は中心的な同族株主に該当します。

(iii) 丙についても，乙と同様になります。

以上のことから，妻，乙及び丙は全員，中心的な同族株主に該当することとなります。

② 遺言書どおり取得する場合

丙に2,020株，孫1及び孫2にそれぞれ490株ずつ相続・遺贈する旨の遺言書が残されているものとする。

(i) 孫1を「株主A」において判定すると，中心的な同族株主の範囲に入る株主は，孫1と孫2だけとなります。丙は父（乙）の兄弟（3親等の血族），甲の兄は祖父の兄弟（4親等の血族）に該当し，中心的な同族株主の判定の基礎となる同族株主の範囲に入りません。そのため，議決権総数は9.8％＜25％となり，孫1は中心的な同族株主に該当しないこととなります（孫2も同様です）。

(ii) 丙は同族株主で，かつ，取得後の議決権割合が5％以上であることから原則的評価方式によって評価することとなります。参考までに，丙が中心的な同族株主に該当するか否かを判定すると，丙を「株主A」におくと，中心的な同族株主の範囲に入る株主は丙のみとなります。孫1及び孫2は兄弟（乙）の子（3親等の血族），甲の兄は父（甲）の兄弟（3親等の血族）に該当し，中心的な同族株主の判定の基礎となる同族株主の範囲に入りません。

そのため，議決権総数は20.2％＜25％となり，丙は中心的な同族株主に該当しないこととなります。

以上のことから，孫1及び孫2が取得した大阪株式会社の株式は，特例的評価方式によって評価することができます。

■大阪株式会社の議決権数

	相続開始前	相続開始後	
		法定相続分で取得	遺言書による指定
甲	3,000	—	—
甲の妻	—	1,500	—
乙	—	750	—
丙	—	750	2,020
孫1	—	—	490
孫2	—	—	490
甲の兄	6,000	6,000	6,000
甲の兄の子	1,000	1,000	1,000
合計	10,000	10,000	10,000

第5章　取引相場のない株式等の評価方法の基本

■**法定相続分で取得する場合の中心的な同族株主に該当するか否かの判定表**

範囲 判定者	甲の妻	乙	丙	乙の子		甲の兄	甲の兄の子	合計	判定
				孫1	孫2				
判定者	1,500	750	750	—	—	6,000	1,000	10,000	
甲の兄	—	—	—	—	—	6,000	1,000	7,000	○
甲の兄の子	—	—	—	—	—	6,000	1,000	7,000	○
甲の家族 甲の妻	1,500	750	750	—	—	—	—	3,000	○
甲の家族 乙	1,500	750	750	—	—	—	—	3,000	○
甲の家族 丙	1,500	750	750	—	—	—	—	3,000	○
甲の家族 孫1	—	—	—	—	—	—	—	—	—
甲の家族 孫2	—	—	—	—	—	—	—	—	—

■**遺言書により取得する場合の中心的な同族株主に該当するか否かの判定表**

範囲 判定者	甲の妻	乙	丙	乙の子		甲の兄	甲の兄の子	合計	判定
				孫1	孫2				
判定者	—	—	2,020	490	490	6,000	1,000	10,000	
甲の兄	—	—	—	—	—	6,000	1,000	7,000	○
甲の兄の子	—	—	—	—	—	6,000	1,000	7,000	○
甲の家族 甲の妻	—	—	—	—	—	—	—	3,000	○
甲の家族 乙	—	—	—	—	—	—	—	—	—
甲の家族 丙	—	—	2,020	—	—	—	—	2,020	×
甲の家族 孫1	—	—	—	490	490	—	—	980	×
甲の家族 孫2	—	—	—	490	490	—	—	980	×

(4) 役員でないか

　役員とは，社長，理事長のほか，次に掲げる者をいいます（法人税法施行令71条1項1号，2号，4号）。

① 代表取締役，代表執行役，代表理事及び清算人
② 副社長，専務，専務理事，常務，常務理事その他これらに準ずる職制上の地位を有する役員
③ 取締役（委員会設置会社の取締役に限る），会計参与及び監査役並びに監事

　以上のことから，財産評価基本通達上の「役員」には，委員会設置会社以外の会社における一般の取締役は，含まれません。

　また，役員に該当するか否かの判定時期は，①課税時期において「役員」である者，又は②課税時期の翌日から法定申告期限までの間に「役員」となる者という基準で行います。

3 同族株主等以外の株主や支配権を有しない同族株主等の場合の自社株の評価方法

　同族株主等以外の株主や，支配権を有しない同族株主等が所有する自社株の相続税評価方式は，原則として特例的評価方式（配当還元方式）によって評価されます。

　これは，株主の中でも，事業経営への影響度の少ない株主や，従業員株主などが株式を所有する場合には，実質的には，単に配当を期待するにとどまるほか，評価手続の簡便性を考慮して，原則的評価方式に代えて，特例的な評価方式である「配当還元方式」により評価することとしています。

　配当還元方式は，配当率を利回りとして捉えた価額により評価します。配当還元価額は，その株式に係る年配当金額（1株当たりの資本金等の額を50円とした場合の金額で算定）を10%の還元率で割り戻した金額となります。例えば，1株当たりの資本金等の額が50円の株式の場合，年10%配当の場合には，その株式の1株当たりの資本金等の額により評価されることとなります。年配当率が5%未満の場合には，その株式の1株当たりの資本金等の額の2分の1に相当する価額とすることとされています。

　ただし，その金額がその株式を原則的評価方式により評価するものとして計算した金額を超える場合には，その原則的評価方式により計算した金額によって評価します。

【配当還元方式】

$$\frac{その株式に係る年配当金額}{10\%} \times \frac{その株式の1株当たりの資本金等の額}{50円} = 配当還元価額$$

(注) 年配当金額は，以下のように計算します。
　　（直前期末以前2年間の配当金額÷2）÷1株当たりの資本金等の額を50円とした場合の発行済株式数
　　なお，その株式に係る年配当金額が2円50銭未満のもの及び無配のものについては，2円50銭の配当があったものとして評価します。
　　また，その年配当金額は，特別配当，記念配当等の名称による配当金額のうち，将来毎期継続することが予想できない金額は除きます。

　資本（元本）還元率を10％としているのは，自社株は，将来の値上り期待その他配当金の実額による利回り以外の要素がある上場株式とは異なっていること，また，収益が確定的であり，安定している預金，公社債とは異なることなどから，比較的高い還元率を採用することによって評価の安全性を図ることとしたものです。

　また，年配当金額が1株当たりの資本金等の額を50円とした場合，2円50銭に満たないとき又は無配であるときには年配当金額を2円50銭とすることとしているのは，一般的に，自社株の発行会社において，実際に配当利益があるにもかかわらず政策的にこれを留保し配当しない場合が多く見受けられることを考慮しているものです。

　さらに，配当還元価額がその株式について原則的評価方式を採用して計算した場合の金額を超えることとなる場合には，原則的評価方式によって評価することとされているのは，配当還元方式は，株式を所有することによる実益面に着目した特例的な方式であるので，それによる評価額が原則的な方式によって評価した価額を超える場合に，その特例的な評価方式によって評価することは適当とはいえないからです。

第5章 取引相場のない株式等の評価方法の基本

■同族株主等以外の株主や支配権を有しない同族株主等が所有する自社株の相続税の評価方式

会社区分		評価方式	
一般の評価会社		原則	配当還元方式
		選択	原則的評価方式(注2)
特定の評価会社(注1)	その他の特定会社	原則	配当還元方式
		選択	純資産価額方式等(注2)
	開業前又は休業中の会社	純資産価額方式(注3)	
	清算中の会社	清算分配見込額の複利現価方式	

(注1)特定の評価会社の詳細については,第4章を参照。
(注2)議決権割合が50%以下の同族株主グループに属する株主については,純資産価額の80%で評価します。
(注3)(注2)のような80%評価はしません。

【設例】

1 前提
- 直前期末の資本金等の額　1,000万円
- 発行済株式数　10,000株（うち自己株式2,000株）
- 1株当たりの資本金等の額
　1,000万円÷(10,000株−2,000株)＝1,250円/株
- 直前期の年配当金額　2,000,000円
- 直前々期の年配当金額　1,000,000円

2 配当還元方式による株価
① 年平均配当金額
　(2,000,000円＋1,000,000円)÷2＝1,500,000円
② 1株(50円)当たりの年配当金額
　1,500,000円÷(1,000万円÷50円)＝7.5円
③ 配当還元価額
　(7.5円÷10％)×(1,250円÷50円)＝1,875円

4　支配権を有する同族株主等の場合の株式の評価方法

　支配権を有する同族株主等が所有する自社株の価額は，評価しようとする株式の発行会社の規模に応じて，それぞれの会社の適用すべき評価方式を次のように定めて評価することとしています。

(1)　大会社の株式

　大会社に匹敵するような「大会社」の株式は上場会社の株式の評価との均衡を図ることが合理的であるので，原則として，「類似業種比準方式」によって評価します。ただし，納税義務者の選択により，1株当たりの純資産価額（相続税評価額によって計算した金額）によって評価することができます。

(2)　小会社の株式

　個人事業者とそれほど変わるところがない「小会社」の株式は個人事業者の財産評価との均衡を図ることが合理的であるので，1当たりの純資産価額（相続税評価額によって計算した金額：純資産価額方式）によって評価します。ただし，納税義務者の選択によって，類似業種比準価額の割合を0.5とした併用方式によって評価することができます。

(3)　中会社の株式

　大会社と小会社との中間にある「中会社」の株式は類似業種比準方式と純資産価額方式との併用方式によって評価します。ただし，納税義務者の選択により，類似業種比準価額を1株当たりの純資産価額（相続税評価額によって計算した金額）によって計算することができます。

■一般の評価会社の自社株の相続税評価額（支配権を有する同族株主等の場合）

会社規模区分			評価方式
大会社		原則	類似業種比準価額
		選択	1株当たりの純資産価額(注2)
中会社	大	原則	類似業種比準価額×0.90＋1株当たりの純資産価額(注1)×0.10
		選択	1株当たりの純資産価額(注2)×0.9＋1株当たりの純資産価額(注1)×0.10
	中	原則	類似業種比準価額×0.75＋1株当たりの純資産価額(注1)×0.25
		選択	1株当たりの純資産価額(注2)×0.75＋1株当たりの純資産価額(注1)×0.25
	小	原則	類似業種比準価額×0.60＋1株当たりの純資産価額(注1)×0.40
		選択	1株当たりの純資産価額(注2)×0.60＋1株当たりの純資産価額(注1)×0.40
小会社		原則	1株当たりの純資産価額(注1)
		選択	類似業種比準価額×0.50＋1株当たりの純資産価額(注1)×0.50

(注1) 議決権割合が50％以下の同族株主グループに属する株主については，その80％で評価します。
(注2) (注1)のような80％評価はしません。

■一般の評価会社における評価方法の原則と納税義務者の選択

	原　則	納税義務者の選択
大会社	類似業種比準価額	純資産価額
中会社	類似業種比準方式と純資産価額方式との併用方式	純資産価額
小会社	純資産価額	類似業種比準価額の割合を0.5とした併用方式

5 会社規模区分の確認

　会社の規模区分は，卸売業，小売・サービス業またはそれらの業種以外の業種の別に，直前期末以前1年間の従業員数を加味した直前期末の総資産価額（帳簿価額）又は，直前期末以前1年間の取引金額のいずれか大きいほうで判定します。具体的には，次の「会社規模の判定基準」に基づいて判定します。

■会社規模の判定基準
・従業員数が70人以上の会社は大会社とする。
・従業員数が70人未満の会社は，①と②のいずれか大きいほうで判定する。

① 従業員数を加味した総資産基準

総資産価額（帳簿価額）			従業員数				
卸売業	小売・サービス業	その他の業種	5人以下	20人以下 5人超	35人以下 20人超	69人以下 35人超	70人以上
20億円以上	15億円以上	15億円以上					大会社
4億円以上	5億円以上	5億円以上				中会社の大	
2億円以上	2.5億円以上	2.5億円以上			中会社の中		
7千万円以上	4千万円以上	5千万円以上		中会社の小			
7千万円未満	4千万円未満	5千万円未満	小会社				

（注1）　従業員数は直前期末以前1年間の数
　　　　直前期末以前1年間においてその期間継続して評価会社に勤務（週の労働時間が30時間以上）していた従業員「継続勤務従業員」の数……①
　　　　①以外の従業員で，直前期末以前1年間において評価会社に勤務していた従業員のその1年間の労働時間の合計時間数を1,800時間で除した数……②
　　　　従業員数の判定　①＋②
（注2）　総資産価額（帳簿価額）は直前期末の価額

② 取引金額基準（取引金額は直前期末以前１年間の金額）

取引金額			会社規模
卸売業	小売・サービス業	その他の業種	
30億円以上	20億円以上	15億円以上	大会社
7億円以上	5億円以上	4億円以上	中会社の大
3.5億円以上	2.5億円以上	2億円以上	中会社の中
2億円以上	6千万円以上	8千万円以上	中会社の小
2億円未満	6千万円未満	8千万円未満	小会社

(1) 総資産価額（帳簿価額）

　総資産価額（帳簿価額によって計算した金額）は，課税上の弊害がない限り，課税時期の直前に終了した事業年度の末日における評価会社の各資産の確定決算上（株主総会の承認等により確定した決算）の各資産の帳簿価額の合計額によることを原則としています。

　固定資産の減価償却累計額を間接法によって表示している場合は，各資産の帳簿価額の合計額から減価償却累計額を控除します。

　売掛金，受取手形，貸付金等に対する貸倒引当金は控除しません。

　前払費用，繰延資産，税効果会計の適用による繰延税金資産など，確定決算上の資産として計上されている資産は，帳簿価額の合計額に含めます。

　収用や特定の資産の買換え等の場合において，圧縮記帳引当金勘定に繰り入れた金額及び圧縮記帳積立金として積み立てられた金額並びに翌事業年度以降に代替資産等を取得する予定であることから特別勘定に繰り入れられた金額は，帳簿価額の合計額から控除しません。

(2) 従業員数の判定

　従業員数は，直前期末以前1年間においてその期間継続して評価会社に勤務していた従業員（就業規則等で定められた1週間当たりの労働時間が30時間未満である従業員を除く。以下，「継続勤務従業員」という）の数に，直前期末以前1年間において評価会社に勤務していた従業員（継続勤務従業員を除く）のその1年間における労働時間の合計時間数を，従業員1人当たり年間平均労働時間（1,800時間）で除して求めた数を加算した数をいいます。

　なお，従業員には，社長，理事長並びに法人税法施行令71条（使用人兼務役員とされない役員）1号，2号及び4号に掲げる役員は含みません。

〈従業員数の計算方法〉

　継続勤務従業員の数……①

　①以外の従業員で，直前期末以前1年間において評価会社に勤務していた従業員のその1年間の労働時間の合計時間数を1,800時間で除した数……②

　従業員数の判定　①＋②

（例）

① 　継続勤務従業員数：4人
② 　①以外の従業員の年労働時間の合計時間2,000時間÷1,800時間＝1.11

　従業員数の判定：①＋②＝5.11人　⇒　「5人超」となる。

　従業員には，平取締役（指名委員会等設置会社の取締役及び監査等委員である取締役を除く）や医療法人の理事を含めて判定します。

　出向中の者は，出向元との雇用関係が解消され出向先で雇用されている出向者の場合には，出向先の従業員としてカウントします。

　派遣労働者を受け入れている評価会社においては，派遣労働者の勤務実態に応じて「継続勤務従業員」と「それ以外の従業員」に区分したうえで判定しても差し支えありません。

(a) 派遣元事業所

派遣元における派遣労働者の雇用関係等				派遣元事業所における従業員基準の判定
派遣時以外		派遣時		
雇用関係	賃金の支払	雇用関係	賃金の支払	
なし	なし	あり	あり	継続勤務従業員以外
あり	あり	あり	あり	継続勤務従業員

(b) 派遣先事業所

勤務実態に応じて判定します。

(3) 取引金額の判定

　直前期末以前1年間における取引金額は、その期間における評価会社の目的とする事業に係る収入金額（金融業・証券業については収入利息及び収入手数料）をいいます。

　評価会社の事業目的については、定款や登記事項証明書などで確認します。判定にあたっては、損益計算書に計上されている売上高だけで判定するのではなく、損益計算書の表示において評価会社の目的とする事業の売上高が雑収入として計上されていることもあるため、内容の確認が欠かせません。

　また、事業年度の変更があった場合における1年間の取引金額は、変更の有無にかかわらず、課税時期の直前期末以前1年間（12か月）の実際の取引金額によります。なお、取引金額を明確に区分することが困難な場合には、直前々期の取引金額を月数按分して求めた金額によっても差し支えありません。

〈判定方法〉直前期末以前1年間における取引金額の判定

直前期末（事業年度変更）の事業年度（1月1日～10月31日）の月数　10か月
　……①
直前々期の事業年度（1月1日～12月31日）の月数　12か月……②
　　イ　①の取引金額＋②の11月と12月の取引金額
　　ロ　イの方法によることが困難な場合
　　　　①の取引金額＋②×2／12の取引金額

第6章

類似業種比準価額の計算と申告書記入

この章では，類似業種比準方式の計算方法の基本の仕組みと申告書記入について解説します。

1 類似業種比準方式の計算方法

　類似業種比準方式は，資産要素（帳簿価額による純資産価額）に加えて，利益および配当の収益要素を事業内容が類似する業種目に属する上場株式のそれらの平均値と比較のうえ，上場株価に比準して株式の価値を評価する方式です。
　類似業種比準方式は，上場会社の株式との整合性を保つため，その会社の事業内容と類似する上場会社の株価に次の３つの比準要素の比準割合などを乗じて計算します。

比準要素１：１株当たりの年配当金額
比準要素２：１株当たりの年利益金額
比準要素３：１株当たりの純資産価額（帳簿価額によって計算した金額）

$$A \times \frac{\frac{Ⓑ}{B}+\frac{Ⓒ}{C}+\frac{Ⓓ}{D}}{3} \times 斟酌率 \times \frac{1株当たりの資本金等の額}{50円}$$

A：類似業種の株価
Ⓑ：評価会社の直前期末における１株当たりの配当金額
Ⓒ：評価会社の直前期末以前１年間における１株当たりの利益金額
Ⓓ：評価会社の直前期末における１株当たりの純資産価額（帳簿価額による）
B：課税時期の属する年の類似業種の１株当たりの配当金額
C：課税時期の属する年の類似業種の１株当たりの年利益金額
D：課税時期の属する年の類似業種の１株当たりの純資産価額（帳簿価額による）
※　斟酌率：大会社0.7，中会社0.6，小会社0.5

※　１株当たりの資本金等の額とは，評価会社の直前期末における資本金等の額（法人税法２条《定義》16号に規定する資本金の額等をいう）を直前期末における発行済株式数（自己株式を有する場合には，当該自己株式の数を控除した株式数）で除した金額をいいます。
※　類似業種比準価額の計算にあたっては，Ⓑ，Ⓒ及びⒹの金額は評価通達183（評価会社の１株当たりの配当金額等の計算）により１株当たりの資本金等の額を50円とした場合の金額として計算します。
　なお，類似業種比準価額を算定する場合の比準数値のそれぞれについて，標本会社と評価会社の比準要素をできる限り同一の基準で算定することがより適正な比準価額の算定を

第6章 類似業種比準価額の計算と申告書記入

可能にすると考えられるほか，課税時期後における影響要因を排除することも考慮したものといえることから，仮に直後期末が課税時期にかなり近い場合であっても，直前期末の比準数値により評価することとなります。

※斟酌率については，平成12年6月改正で，従来評価対象会社の規模区分にかかわらず一律に0.7とされていたものを，同じ非公開会社であっても，評価対象会社の規模が小さくなるにつれて，指標会社である上場会社との類似性が希薄なものとなっていく傾向にあると認められることから，この評価対象会社の規模区分を評価の安全性（非公開会社であることの割引率）に比例して反映させることが評価の一層の適正化に寄与するものと考え，評価対象会社の会社規模の別（大会社0.7，中会社0.6，小会社0.5）に差異を設ける方式に変更されました。

2 類似業種と業種区分の判定

　評価対象会社の業種は，法人税の申告書に記載された事業種目や事業概況書などを確認します。法人税の申告書記載の業種と実際の業種が異なることもありますので，業種については会社責任者に再確認が必要です。

　評価会社の類似業種の業種目については，「直前期末以前1年間における取引金額」により判定することとされていますが，当該取引金額のうちに2以上の業種目に係る取引金額が含まれている場合には，取引金額全体のうちに占める業種目別の取引金額の割合が50％を超える業種目とし，その割合が50％を超える業種目がない場合には，次に掲げる場合に応じたそれぞれの業種目とされます。

① 評価会社の事業が1つの中分類の業種目中の2以上の類似する小分類の業種目に属し，それらの業種目別の割合の合計が50％を超える場合

　→その中分類の中にある類似する小分類の「その他の○○業」

② 評価会社の事業が1つの中分類の業種目中の2以上の類似しない小分類の業種目に属し，それらの業種目別の割合の合計が50％を超える場合（①に該当する場合を除く）

　→その中分類の業種目

③ 評価会社の事業が1つの大分類の業種目中の2以上の類似する中分類の業種目に属し，それらの業種目別の割合の合計が50％を超える場合

　→その大分類の中にある類似する中分類の「その他の○○業」

④ 評価会社の事業が1つの大分類の業種目中の2以上の類似しない中分類の業種目に属し，それらの業種目別の割合の合計が50％を超える場合（③に該当する場合を除く）

　→その大分類の業種目

第6章 類似業種比準価額の計算と申告書記入

⑤ ①から④のいずれにも該当しない場合
　→大分類の業種目の中の「その他の産業」

　上記判定の際，小分類又は中分類の業種目中「その他の○○業」が存在する場合には，原則として，同一の上位業種目に属する業種目はそれぞれ類似する業種目となります。
　ただし，「無店舗小売業」（中分類）については，「小売業」（大分類）に属する他の中分類の業種目とは類似しない業種目であることから，他の中分類の業種目の割合と合計することにより50％を超える場合は，上記④により「小売業」となります。
　評価会社の事業が該当する業種目の判定については，財産評価基本通達181－2において，以下のように図で例示されています。

■①の例示

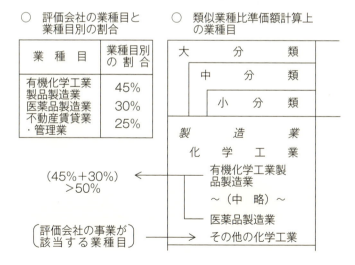

■②の例示

○ 評価会社の業種目と業種目別の割合

業　種　目	業種目別の割合
ソフトウェア業	45%
情報処理・提供サービス業	35%
娯楽業	20%

○ 類似業種比準価額計算上の業種目

大　　分　　類		
	中　　分　　類	
		小　　分　　類
情　報　通　信　業		
→ 情報サービス業		
ソフトウェア業		
情報処理・提供サービス業		

（45%＋35%）
＞50%

〔評価会社の事業が該当する業種目〕

■③の例示

業　種　目	業種目別の割合
プラスチック製品製造業	45%
ゴム製品製造業	35%
不動産賃貸業・管理業	20%

大　　分　　類		
	中　　分　　類	
		小　　分　　類
製　　造　　業		
～（中　略）～		
プラスチック製品製造業		
ゴム製品製造業		
～（中　略）～		
→ その他の製造業		

（45%＋35%）
＞50%

〔評価会社の事業が該当する業種目〕

■④の例示

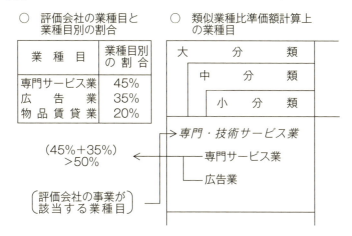

なお、評価会社の類似業種の業種目については、日本標準産業分類に基づき確認します。

【設例】日本標準産業分類：紳士服小売業の場合

項目の説明や事例などを参考にして業種を確認します。
分類コードⅠ「卸売業・小売業」
→ 分類コード57「織物・衣服・身の回り品小売業」
→ 分類コード572「男子服小売業」
→ 分類コード5721「男子服小売業」

次に、「日本標準産業分類の分類項目と類似業種比準価額計算上の業種目との対比表」によって、類似業種比準価額計算上の「業種目」と「業種」の確認をします。設例の場合には、「織物・衣服・身の回り品小売業」（番号81）に該当します。

会社規模区分を判定する場合の業種目について、「卸売業」、「小売・サービス業」、又は「卸売業、小売・サービス業以外」のいずれに該当するのかを確認します。

設例の場合には、「小売・サービス業」に該当します。

■日本標準産業分類の分類項目と類似業種比準価額計算上の業種目との対比表（抜粋）

日本標準産業分類の分類項目		類似業種比準価額計算上の業種目と業種		
番号	分類	番号	業種目	規模区分を判定する場合の業種
572	男子服小売業	81	織物・衣服・身の回り品小売業	小売・サービス業

　また，評価会社の類似業種比準価額を計算する場合におけるその計算の基礎となる類似業種は，大分類，中分類及び小分類に区別して定められている場合には，以下のように業種目を選択することができます。

　そのため，2以上の業種目に該当する場合には，2つの業種目を有利選択することが重要です。

業種目の区分の状況	原　則	納税義務者の選択
小分類まで区分されている業種目	小分類による業種目	中分類の業種目
中分類まで区分されている業種目（小分類のない業種目）	中分類の業種目	大分類の業種目
大分類のみの業種目	大分類の業種目	—

コラム　医療法人の業種目

　医療法人は，医療法上剰余金の配当が禁止されているなど，会社法上の会社とは異なる特色を有しています。

　このような医療法人の出資を類似業種比準方式により評価するとした場合，類似する業種目が見当たらないことから，業種目を「その他の産業」として評価することになります。

　なお，取引相場のない株式（出資）を評価する場合の会社規模区分（大，中，小会社の区分）については，医療法人そのものはあくまで「サービス業」の一種と考えられることから，「小売・サービス業」に該当することになります。

3 類似業種の株価

類似業種の株価は,「課税時期の属する月以前3か月の各月の類似業種の株価のうち最も低いものとします。ただし,納税義務者の選択により,類似業種の前年平均株価または課税時期の属する月以前2年間の平均株価によることができる」とされています。

	原　則	納税義務者の選択
類似業種の株価	課税時期の属する月以前3か月間の各月の類似業種の株価のうち最も低いもの	① 前年平均株価 ② 課税時期の属する月以前2年間平均株価 　上記のいずれか低い金額

■「類似業種比準価額計算上の業種目及び業種目別株価等」(例)

類似業種比準価額計算上の業種目及び業種目別株価等(平成29年分)

(単位:円)

業　種　目					B	C	D	A (株価)		
大分類	中分類	小分類	番号	内　容	配当金額	利益金額	簿価純資産価額	平成28年平均	28年11月分	28年12月分
教育,学習支援業			108		6.2	34	199	346	356	375
医療,福祉			109	保健衛生,社会保険,社会福祉及び介護に関するサービスを提供するもの(医療法人を除く)	3.6	21	147	289	317	326
サービス業(他に分類されないもの)			110		5.4	41	189	452	490	516
	職業紹介・労働者派遣業		111	労働者に職業をあっせんするもの及び労働者派遣業を営むもの	7.1	55	190	581	656	694
	その他の事業サービス業		112	サービス業(他に分類されないもの)のうち,111に該当するもの以外のもの	4.0	30	188	352	360	377
その他の産業			113	1から112に該当するもの以外のもの	4.1	29	233	276	289	302

類似業種比準価額計算上の業種目及び業種目別株価等（平成29年分）

(単位：円)

業種目			番号	A（株価）【上段：各月の株価、下段：課税時期の属する月以前2年間の平均株価】											
大分類	中分類	小分類		平成29年1月分	2月分	3月分	4月分	5月分	6月分	7月分	8月分	9月分	10月分	11月分	12月分
教育，学習支援業			108	405 341	413 346	458 351	444 355	468 360	495 367	494 373	479 379	477 386	493 393	484 400	494 406
医療，福祉			109	341 290	335 292	345 294	342 296	389 300	383 304	388 307	407 312	457 320	477 328	474 337	507 346
サービス業（他に分類されないもの）			110	554 453	578 462	612 470	621 479	674 488	719 500	769 511	782 524	820 539	847 555	905 574	979 595
	職業紹介・労働者派遣業		111	756 572	794 586	844 601	868 616	945 632	1,015 651	1,075 671	1,124 693	1,200 720	1,257 749	1,369 782	1,516 822
	その他の事業サービス業		112	397 360	410 364	431 368	428 372	461 376	488 381	530 386	515 391	523 398	528 404	543 411	559 418
その他の産業			113	314 283	322 285	331 287	319 288	342 290	359 293	368 295	369 298	378 303	396 308	410 313	423 318

出典：国税庁ホームページ　http://www.nta.go.jp/shiraberu/zeiho-kaishaku/tsutatsu/kobetsu/hyoka/170613/pdf/index_13.pdf ［平成30年2月1日確認］

※　業種目別株価等については，例年以下の時期に公表されます。
- 6月下旬（前年平均，前年11月から当年2月分）
- 7月中旬（3月，4月分）
- 8月中旬（5月，6月分）
- 10月中旬（7月，8月分）
- 12月中旬（9月，10月分）
- 翌年1月中旬（11月，12月分）

4 1株当たりの資本金等の額等

(1) 直前期末の資本金等の額

評価会社の直前期末における資本金等の額(法人税申告書別表五(一)の「Ⅱ 資本金等の額の計算に関する明細書」の「差引合計額」」)を記載します。

(2) 直前期末の発行済株式数

評価会社の直前期末における発行済株式数(自己株式を含む)を記載します。

(3) 直前期末の自己株式数

評価会社が自己株式を保有している場合は,直前期末現在において保有している自己株式数を記載します。

5　1株当たりの配当金額

　1株当たりの配当金額は，直前期末以前2年間におけるその会社の剰余金の配当金額（特別配当，記念配当等の名称による配当金額のうち，将来毎期継続することが予想できない金額を除く）の合計額の2分の1に相当する金額を，直前期末における発行済株式数（1株当たりの資本金等の額が50円以外の金額である場合には，直前期末における資本金等の額を50円で除して計算した数によるものとする）で除して計算した金額とされます。

　なお，剰余金の配当金額は，各事業年度中に配当金交付の効力が発生した剰余金の配当金額（資本金等の額の減少によるものを除く）を基として計算します。また，自己株式の取得による「みなし配当」の金額は除かれます。

・**事業年度が変更になった場合**
　事業年度が変更になった場合において，直前期が1年未満の事業年度であるときには，直前期末以前1年間に対応する期間に配当金交付の効力が発生した剰余金の配当金額の総額をもって直前期の配当金額として計算します。

〈計算方法〉
① 　直前期末（事業年度変更）の事業年度：平成29年1月1日～同年10月31日
　　定時株主総会（配当金の交付日）：平成29年2月20日　200万円
② 　直前々期の事業年度：平成28年1月1日～同年12月31日
　　定時株主総会（配当金の交付日）：平成28年2月25日　300万円
③ 　年平均配当金額の計算：
　　（300万円＋200万円）÷2＝250万円

第6章　類似業種比準価額の計算と申告書記入

■1株当たりの配当金額

　法人税申告書別表四の「当期利益又当期欠損の額1」欄の「社外流失③」「配当」の金額を記載します。

■別表四「所得の金額の計算に関する明細書」

	所得の金額の計算に関する明細書（簡易様式）		事業年度	法人名			別表四（簡易様式）平二九・四・一以後終了事業年度分
御注意	区　分	総　額	処　　分				
			留　保	社　外　流　出			
		①	②	③			
1 沖縄の認定法人の課税の特例、国家戦略特別区域における指定法人の課税の特例又は整備準備金若しくは再投資等準備金積立額の「48」の①欄の金額は、「②」欄の金額に「③」	当期利益又は当期欠損の額　1	円		配　当　　　　　　　　円			
				その他			
加	損金経理をした法人税及び地方法人税（附帯税を除く。）　2						
	損金経理をした道府県民税及び市町村民税　3						
	損金経理をした納税充当金　4						
	損金経理をした附帯税（利子税を除く。）、加算金、延滞金（延納分を除く。）及び過怠税　5			その他			
	減価償却の償却超過額　6						
	役員給与の損金不算入額　7			その他			
	交際費等の損金不算入額　8			その他			
	9						
	10						

コラム　配当優先の無議決権株式の評価

　配当優先の無議決権株式など，配当についての優先，劣後のある株式（種類株式）の評価は以下のようになります。
① 　類似業種比準方式の場合
　「1株当たりの配当金額」については，株式の種類ごとに区分し，その株式に係る配当金により評価し，「1株当たりの利益金額」及び「1株当たりの純資産価額」については区分しないで評価します。
② 　純資産価額方式の場合
　株式の種類ごとに区分しないで評価します。
③ 　配当還元方式の場合
　「1株当たりの配当金額」は類似業種比準方式と同様に株式の種類ごとに区分して，その株式に係る配当金（資本金等の減少によるものを除きます。）に基づいて評価します。

6　1株（50円）当たりの利益金額

　1株当たりの利益金額は，直前期末以前1年間における法人税の課税所得金額（固定資産売却益，保険差益等の非経常的な利益の金額を除く。この場合，非経常的な利益の金額は，非経常的な損失の金額を控除した金額（負数の場合は0）とする）に，その所得の計算上益金に算入されなかった剰余金の配当（資本金等の額の減少によるものを除く）等の金額（所得税額に相当する金額を除く）及び損金に算入された繰越欠損金の控除額を加算した金額（その金額が負数の場合は0とする）を，直前期末における発行済株式数で除して計算した金額となります。

　その場合，評価会社がその事業年度に当然計上すべき収益を計上しなかったため法人税の修正申告を提出したような場合は，その修正申告書に記載された金額に基づいて1株当たりの利益金額を計算します。

　ただし，納税義務者の選択により，直前期末以前2年間の各事業年度について，それぞれ法人税の課税所得金額を基とし上記に準じて計算した金額の合計額（その合計額が負数の場合は0とする）の2分の1に相当する金額を直前期末における発行済株式数で除して計算した金額によることができます。

	原則	納税義務者の選択
1株当たりの利益金額	直前期（1年間）で計算	直前期以前2年間の平均により計算

第6章　類似業種比準価額の計算と申告書記入

〈1株当たりの利益金額の計算〉
① 法人税の課税所得金額

法人税申告書別表一（一）の「所得金額又欠損金額1」の欄の金額を記載します。

■別表一（一）

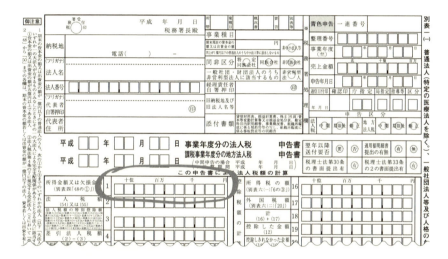

② 非経常的な利益金額

非経常的な利益金額を除外することとしているのは，評価会社に臨時偶発的に生じた収益力を排除し，その営む事業に基づく経常的な収益力を株式の価額に反映させるためです。

そのため，以下のような場合の非経常的な利益金額の計算については注意が必要です。

・固定資産の譲渡が期中に数回ある場合で，個々の譲渡において売却益と売却損があるときは，これらの損益を通算した後の利益金額が非経常的な利益として排除します。

・同一事業年度中に，固定資産売却損と保険差益のような種類の異なる非経常

的な損益がある場合には、それらの損益を通算した後の利益金額を非経常的な利益として控除します。
- 保険金から支給された役員退職金がある場合には、保険金を受け取ったことを基因として、役員退職金が支給されると考えられることから、両者は相殺関係にあるといえることから、非経常的な利益金額は、受け取った保険金額から支給した役員退職金を減算した金額により計算するのが合理的であると考えられます。

③ 受取配当金等の益金不算入額

法人税申告書別表四の減算欄の「受取配当等の益金不算入額14」の金額を記載します。

■別表四

第6章 類似業種比準価額の計算と申告書記入

　法人税申告書別表八（一）の「受取配当等の益金不算入額13又は26」の金額を記載します。

■別表八（一）

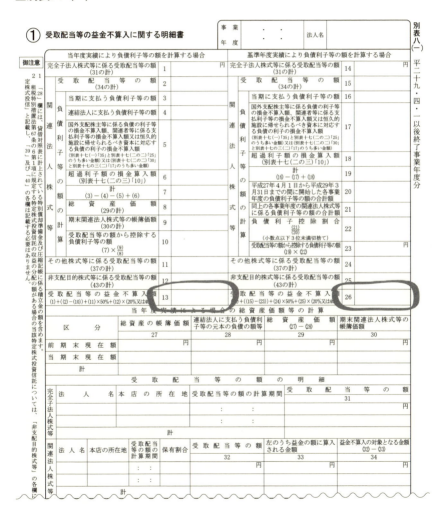

④ ③の所得税額

法人税申告書別表六（一）の剰余金の配当等の欄の「①について控除される所得税額②」の金額を記載します。

■別表六（一）

③ 所得税額の控除に関する明細書		事業年度 ： ： 法人名			別表六（一）平二十九・四・一以後終了事業年度分
	区　分	収入金額 ①	①について課される所得税額 ②	②のうち控除を受ける所得税額 ③	
	公社債及び預貯金の利子、合同運用信託、公社債投資信託及び公社債等運用投資信託の収益の分配並びに特定目的信託の社債的受益権の剰余金の分配　1	円	円	円	
	剰余金の配当、利益の配当、剰余金の分配及び金銭の分配（みなし配当等を除く。）　2				
	集団投資信託（合同運用信託、公社債投資信託及び公社債等運用投資信託を除く。）の収益の分配　3				
	割引債の償還差益　4				
	その他　5				
	計　6				

剰余金の配当、利益の配当、剰余金の分配及び金銭の分配（みなし配当等を除く。）、集団投資信託（合同運用信託、公社債投資信託及び公社債等運用投資信託を除く。）の収益の分配又は割引債の償還差益に係る控除を受ける所得税額の計算

	銘柄	収入金額 7	所得税額 8	配当等の計算期間 9	(9)のうち元本所有期間 10	所有期間割合 (10)(小数点以下3位未満切上げ)(9) 11	控除を受ける所得税額 (8)×(11) 12
個別法による場合		円	円	月	月		円

	銘柄別	銘柄	収入金額 13	所得税額 14	配当等の計算期間末の元本数等 15	配当等の計算期間首の元本数等 16	(15)-(16)/2又は12(マイナスの場合は0) 17	所有元本割合(16)+(17)/(15)(小数点以下3位未満切上げ)(1を超える場合は1) 18	控除を受ける所得税額 (14)×(18) 19
			円	円					円

第6章　類似業種比準価額の計算と申告書記入

⑤　**損金算入した繰越欠損金の控除額**

法人税申告書別表四の「39欠損金の当期控除額」の金額を記載します。

■別表四

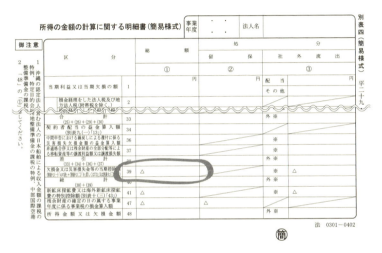

法人税別表七（一）の「当期控除額4の計」の金額を記載します。

■別表七（一）

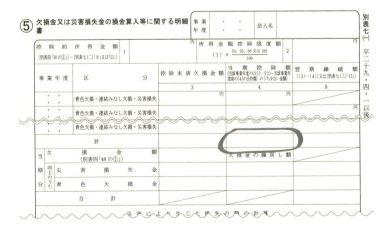

167

⑥ 1株当たりの利益金額

$$(①-②+③-④+⑤) \div \begin{array}{l}\text{1株当たりの資本金等の額を50}\\\text{円とした場合の発行済株式数}\end{array}$$

　また，事業年度の変更があった場合における直前期末1年間における1株当たりの利益金額は，変更の有無にかかわらず，課税時期の直前期末以前1年間（12か月）における法人税の課税所得金額を基に計算します。なお，その期間における利益金額に相当する金額について，直前々期の利益金額を月数按分して求めた金額によっても差し支えありません。

〈判定方法〉

① 直前期末（事業年度変更）の事業年度（1月1日～10月31日）の月数　10か月
② 直前々期の事業年度（1月1日～12月31日）の月数　12か月
③ 直前期末以前1年間における利益金額の判定
　イ　①の利益金額＋②の11月と12月の利益金額
　ロ　イの方法によることが困難な場合
　　　①の利益金額＋②×2/12の利益金額

7　1株当たりの純資産価額（帳簿価額）

　1株当たりの純資産価額（帳簿価額）は，直前期末における資本金等の額（法人税法2条16号に規定する資本金等の額）及び法人税法2条18号に規定する利益積立金額に相当する金額（法人税申告書別表五（一）「利益積立金額及び資本金等の額の計算に関する明細書」の差引翌期首現在利益積立金額の差引合計額）の合計額を，直前期末における発行済株式数（1株当たりの資本金等の額を50円であるとした場合の発行済株式数）で除して計算した金額とされます。

① 　法人税法に規定する資本金等の額は，直前期の法人税の申告書別表五（一）「利益積立金額及び資本金等の額の計算に関する明細書」の差引翌期首現在の資本金等の額の差引合計額に相当する金額をいいます。
② 　法人税法に規定する利益積立金額とは，直前期の法人税の申告書別表五（一）「利益積立金額及び資本金等の額の計算に関する明細書」の差引翌期首現在利益積立金額の差引合計額に相当する金額をいいます。
③ 　利益積立金額に相当する金額が負数である場合には，その負数の相当する金額を資本金等の額から控除するものとし，その控除後の金額が負数となる場合には，1株当たりの純資産価額は0とします。

■別表五（一）

利益積立金額及び資本金等の額の計算に関する明細書

事業年度	・ ・	法人名	

御注意

1. この表は、「期首現在利益積立金額①＋増△減②＝差引」（通算法人間の差額に係るもの含む。）＝「期末現在利益積立金額④」、「期首現在資本金等の額①＋増△減②＝差引」＝「差引翌期首現在資本金等の額④」＝「発行済株式（表五（付表））の記載が必要となりますので御注意ください。
2.

I 利益積立金額の計算に関する明細書

区　分		期首現在利益積立金額①	当期の増減		差引翌期首現在利益積立金額①−②＋③ ④
			減 ②	増 ③	
利 益 準 備 金	1	円	円	円	円
積 立 金	2				
	3				
〜〜
未納法人税等（通算法人税等の差額に係るものを除く。）	未納法人税及び未納地方法人税（附帯税を除く。）	28	△	△	中間 △
					確定 △
	未納道府県民税（均等割額及び利子割額を含む。）	29	△	△	中間 △
					確定 △
	未納市町村民税（均等割額を含む。）	30	△	△	中間 △
					確定 △
差 引 合 計 額	31				

II 資本金等の額の計算に関する明細書

区　分		期首現在資本金等の額①	当期の増減		差引翌期首現在資本金等の額①−②＋③ ④
			減 ②	増 ③	
資本金又は出資金	32	円	円	円	円
資 本 準 備 金	33				
	34				
	35				
差 引 合 計 額	36				

第7章

純資産価額
（相続税評価額によって
計算した金額）の計算

この章では，純資産価額（相続税評価額によって計算した金額）方式の基本的な仕組みと，計算方法について解説します。

1 仮決算方式と直前期末基準方式

(1) 仮決算方式

「1株当たりの純資産価額(相続税評価額によって計算した金額)」の計算は,評価会社の課税時期における各資産及び負債の金額によることとしていることから,評価会社について課税時期現在における仮決算を行い,各資産及び負債の相続税評価額及び帳簿価額を計算することになります。

(2) 直前期末基準方式

評価会社が課税時期において仮決算を行っていないため,課税時期における資産及び負債の金額が明確でない場合があります。このような場合で,直前期から課税時期までの間の資産及び負債について著しく増減がないため評価額の計算に影響が少ないと認められるときは,課税時期における各資産及び負債の金額は,直前期末の資産及び負債を基として計算することが認められています。

このように計算した場合には,株式保有特定会社や土地保有特定会社の判定における総資産価額等についても,同様に取り扱うものとし,これらの特定会社の判定時期と純資産価額(相続税評価額によって計算した金額)及び株式保有特定会社の株式のS2(第8章参照)の計算時期は同一となります。

① 相続税評価額

直前期末の資産(及び負債)の金額を対象として評価する場合であっても,「課税時期の相続税評価額」で評価することとなります。

② 帳簿価額

直前期末の資産及び負債の帳簿価額によります。

第7章　純資産価額（相続税評価額によって計算した金額）の計算

　資産のうち，前払費用や繰延資産等については，課税時期において財産性のないものは，帳簿価額があっても評価の対象とならないため資産から除外します。

　なお，繰延税金資産の額は，税法上，これを還付請求できる性格のものではなく，他に財産価値を有するものではないため，資産として計上しないこととされています。

　また，帳簿に負債としての記載がない場合であっても，次の金額は負債として取り扱います。

　イ　未納公租公課，未払利息等の金額
　ロ　直前期末以前に賦課期日のあった固定資産税及び都市計画税の税額のうち，未払いとなっている金額（直前期末現在で納税通知書が未送達のものを含む）
　ハ　直前期末後から課税時期までに確定した剰余金の配当等の金額
　ニ　被相続人の死亡により，相続人その他の者に支給することが確定した退職手当金，功労金その他これらに準ずる給与の金額（ただし，経過措置適用後の退職給与引当金の取り崩しにより支給されるものを除く）

③　**被相続人の死亡により評価会社が生命保険金を取得する場合**

　その生命保険金請求権（未収保険金）の金額を，相続税評価額及び帳簿価額のいずれにも計上します。

　課税時期が直後期末に近い場合において，課税時期から直後期末までの間に資産及び負債について著しい増減がないときは，類似業種比準方式とは異なり，直後期末の数値を用いて算定することも認められます。

■純資産価額方式による取引相場のない株式の評価

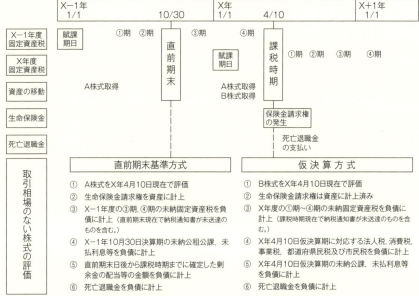

出典：金光静夫「取引相場のない株式の評価と評価明細書の記載要領」（大阪・奈良税理士協同組合主催・平成28年度第1回研修会資料）

コラム　修正申告に伴う直前期末基準方式から仮決算方式への変更

　期限内申告の段階で直前期末基準方式により純資産価額を計算した株式の評価について，修正申告書を提出する場合には，課税時期における仮決算による資産及び負債の額を基とした株式評価をすることができると考えます。

　これは，純資産価額方式は，課税時期における仮決算に基づき評価することを原則とし，直前期末から課税時期までの間の資産及び負債の額について著しい増減がないときには，評価の簡便性も考慮して，直前期末基準方式によって評価することも認められます。

　したがって，期限内申告における純資産価額の評価時点と修正申告における純資産価額の評価時点とが異なる場合でも，例外的な評価方式である直前期末基準方式から，原則的な評価方式である仮決算方式に変更して修正申告書を提出することができると考えます。

　なお，期限内申告を仮決算方式によっている場合には，修正申告において直前期末基準方式への変更は認められないものと考えられます。

第7章 純資産価額（相続税評価額によって計算した金額）の計算

2 純資産価額方式の計算式

　純資産価額方式は，株式の所有状況及び会社運営形態により，個人が会社財産を所有しているのと変わらないような同族会社は，株式の評価にあたり，株式を会社財産に対する持分と考え，会社財産を相続税法に定める評価額により，評価替えしたところの純資産価額により評価します。

$$\frac{総資産価額（相続税評価額）－負債の金額－評価差額に対する法人税額等相当額}{課税時期における発行済株式数^{（注1）}}$$

（相続税評価額による純資産価額－帳簿価額による純資産価額）×37%

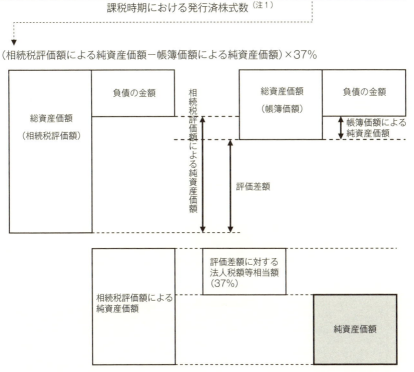

（注1）発行済株式数から自己株式の数は除かれます。なお，この発行済株式数は「1株当たりの資本金等の額を50円とした場合の発行済株式数」ではなく，「実際の発行済株式数」となります。
（注2）株式取得者とその同族関係者の有する議決権の合計数が評価会社の議決権総数の50％以下である場合には，1株当たりの純資産価額に80％を乗じて計算した金額により評価します。

3 資産の評価及び負債の計上についての留意点

　純資産価額を計算する場合の，評価会社の所有する資産の評価及び負債の計上についての留意点を具体的に解説することとします。

(1) 即時償却資産

　即時償却により一括して費用計上している減価償却資産がある場合には，取得価額から定率法により減価償却を行った簿価を相続税評価額とするため，法人税申告書別表十六（七）「少額減価償却資産の取得価額の損金算入の特例に

■特別償却の付表

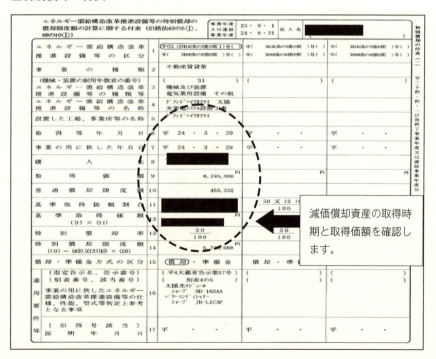

第7章　純資産価額（相続税評価額によって計算した金額）の計算

関する明細書」や「特別償却の付表」などにより，即時償却された減価償却資産の有無を確認する必要があります。

　以上のほか，倒産防止共済に加入している法人が掛金を損金に算入する場合は，「特定の基金に対する負担金等の損金算入に関する明細書」と，損金に算入する額（法人税関係特別措置の適用を受ける額）を記載する「適用額明細書」に必要事項を記入し，確定申告書に添付することになっていますので，それらの別表等も確認する必要があります。

(2) 構築物

　構築物の価額は，その構築物の再建築価額から，建築の時から課税時期までの期間（その期間に1年未満の端数があるときは，その端数は1年とする）の償却費の額の合計額又は減価の額を控除した金額の100分の70に相当する金額によって評価することとされています。この場合における償却方法は定率法によるものとし，その耐用年数は耐用年数省令に規定する耐用年数によります。

(3) 動産

　一般動産の価額は，原則として，売買実例価額，精通者意見価格等を参酌して評価することとされています。ただし，売買実例価額，精通者意見価格等が明らかでない動産については，その動産と同種及び同規格の新品の課税時期における小売価額から，その動産の製造の時から課税時期までの期間（その期間に1年未満の端数があるときは，その端数は1年とする）の償却費の額の合計額又は減価の額を控除した金額によって評価します。

　この場合の償却費の額を計算する場合における耐用年数は耐用年数省令に規定する耐用年数により，償却方法は定率法によることとされています。

(4) 評価差額に対する法人税額等に相当する金額

1株当たりの純資産価額（相続税評価額によって評価した金額）は、評価差額に対する法人税額等相当額を控除して求めることとされています。

しかし、評価会社が取引相場のない株式等を所有している場合の1株当たりの純資産価額（相続税評価額によって評価した金額）は、評価差額に対する法人税額等相当額を控除しないで計算します。また、現物出資等受入れ資産がある場合には、現物出資等受入れ差額を加算して帳簿価額による純資産価額を求めることとされています。

(5) 3年内取得土地等及び建物等

課税時期前3年以内に取得又は新築した土地及び土地の上に存する権利（以下「土地等」という）並びに家屋及びその附属設備又は構築物（以下「家屋等」という）の価額は、課税時期における通常の取引価額に相当する金額によって評価するものとし、当該土地等又は当該家屋等に係る帳簿価額が課税時期における通常の取引価額に相当すると認められる場合には、当該帳簿価額に相当する金額によって評価することができることとされています。

そこで、法人で建築し、賃貸マンション等の完成後3年以内に相続が開始したときの、その法人の自社株の評価額（純資産価額）の計算の留意点などについて、東京国税局の研修資料（Q&A）を基に確認します。

> **Q** 甲社（評価会社）は、課税時期前3年以内に取得した建物及びその敷地を所有しているが、当該建物は、その取得後、賃貸の用に供している。甲社株式を純資産価額方式で評価する場合、当該貸家及び貸家建付地は、通常の取引価額で評価することとなるが、具体的にはどのように評価するのか。
>
> **A** 甲社株式の評価に当たって、純資産価額に算入する課税時期前3年以内に取得した貸家及び貸家建付地の価額は、その貸家及び貸家建付地が自用の建物及び自用地であるとした場合の課税時期における通常の取引価額を算定し、次にその価額を評基通93（貸家の評価）及び評基通26（貸家建付地の評価）に定める評価方法に準じて評価した価額によって差し支えない。

第7章 純資産価額(相続税評価額によって計算した金額)の計算

【理由】
　評基通185かっこ書きにおいて課税時期前3年以内に取得した土地(借地権)等及び家屋等の価額は,課税時期における通常の取引価額とすることが定められているが,これは,課税時期の直前に取得し,「時価」が明らかになっている土地等及び家屋等について,わざわざ路線価等によって評価替えを行うことは,「時価」の算定上,適切でないと考えられること等によるものである。
　したがって,問のように,土地,建物の取得(新築)後,建物を賃貸の用に供したため,取得時の利用区分(自用の建物,自用地)と課税時期の利用区分(貸家,貸家建付地)が異なることとなり,その取得価額等から,課税時期における通常の取引価額を算定することが困難である貸家及び貸家建付地の価額については,まず,その貸家及び貸家建付地が自用の建物及び自用地であるとした場合の課税時期における通常の取引価額を求め,次にその価額を評基通93(貸家の評価)及び評基通26(貸家建付地の評価)の定めに準じて評価して差し支えないものと考える。

出典:東京国税局研修資料

以上のQ&Aの解説を,設例で確認することとします。

【設例】

1 前提

- 甲社は,平成28年に土地(借地権割合50%)を5,000万円で購入し,同上地にアパートを1億円で新築し,賃貸の用(賃貸割合100%)に供している。
- 甲社の平成29年の課税時期における資産負債の額は以下のとおり。

　資産の部
　　3年以内取得土地　5千万円
　　3年以内取得アパートの未償却残高　9,500万円
　　その他の資産　2億円
　負債の部
　　1億5千万円

■ 純資産価額の計算

（単位：万円）

資産の部			負債の部		
科　目	相続税評価額	帳簿価額	科　目	相続税評価額	帳簿価額
土　地 (注1)	4,250	5,000	負　債	15,000	15,000
アパート (注2)	6,650	9,500			
その他の資産	20,000	20,000			
合　計	30,900	34,500		15,000	15,000

（注1） 5,000万円×（1－0.5×0.3×100％）＝4,250万円
（注2） 9,500万円×（1－0.3×100％）＝6,650万円

- 相続税評価額による純資産価額

　30,900万円－15,000万円＝15,900万円

- 評価差額に相当する金額

　15,900万円－（34,500万円－15,000万円）＜　0円

- 課税時期現在の1株当たりの純資産価額

　（15,900万円－0円）÷10万株＝<u>1,590円</u>

(6)　借地権

　借地権とは，建物の所有を目的とする地上権又は土地の賃借権をいいます（借地借家法2条1号）。

　借地権には，以下の5種類の借地権が存在します。

① 　借地権（旧借地法，借地借家法3条）
② 　定期借地権（借地借家法22条）
③ 　事業用定期借地権等（借地借家法23条）
④ 　建物譲渡特約付借地権（借地借家法24条）
⑤ 　一時使用目的の借地権（借地借家法25条）

　借地権を評価する場合には，「借地権」（①），「定期借地権等」（②〜④），「一時使用目的の借地権」（⑤）に区分して評価します。

「借地権」,「定期借地権等」,「一時使用目的の借地権」は,それぞれ以下のように評価されます。

・**借地権の価額**

借地権の目的となっている宅地が権利の付着していない,自用地(他人の権利の目的となっていない土地で,いわゆる更地をいう)としての価額に借地権割合を乗じて求めます。

・**定期借地権等の価額**

原則として,課税時期(相続の場合は被相続人の死亡の日,贈与の場合は贈与により財産を取得した日)において借地人に帰属する経済的利益及びその存続期間を基として評定した価額によって評価します。

・**一時使用のための借地権の価額**

通常の借地権の価額と同様にその借地権の所在する地域について定められた

> コラム　借地権の確認
>
> 　借地権の有無は,純資産価額を求める場合に注意したいポイントです。会社が所有している土地や建物についての借地権の有無は,貸借対照表や固定資産税の課税明細書などから把握します。住宅地図上に物件の所在などを色塗りしておけば一目瞭然です。さらに,土地と建物の関係を図表化するとわかりやすいと思います。
> 　チェックポイントは,会社が建物しか所有していない場合に,その敷地に対して誰が借地権を有しているのかの確認です。第三者から土地を借りて,会社が建物を建てている場合には,会社が借地権を有していると考えられます。しかし,同族関係者などから土地を借りている場合には,借地権の有無についての判定は慎重に行わなければなりません。
> 　「土地の無償返還に関する届出書」や「相当の地代の改訂方法に関する届出書」など所轄税務署への届出の有無を確認したり,賃貸借契約書から権利金や地代の支払いの有無や地代の額などを確認することで会社の借地権について判定することができます。

借地権割合を自用地としての価額に乗じて評価することは適当ではありませんので、雑種地の賃借権の評価方法と同じように評価します。

(7) 「土地の無償返還に関する届出書」

法人が借地権の設定等により他人に土地を使用させた場合で、その借地権の設定等に係る契約書において、将来借地人等がその土地を無償で返還することが定められている場合に、これを届け出る手続です。この届出を行っている場合には、権利金の認定課税は行われないこととなります。さらに、相続税の土地の評価が20％減額されます。

この届出書は、土地を無償で返還することが定められた後遅滞なく、当該法人の納税地の所轄税務署長に提出することとされています。

地主が個人である場合には、地代の額については、「使用貸借」（地代の額はその敷地の固定資産税等相当額以下）から相当の地代の額以下の金額の範囲内で自由に設定しても、地代の認定課税を受けることはありません。

これは、法人からすれば、地代の支払と地代の免除が同時に行われることで、法人にとって有利な結果となります。このことは、営利追求を目的とする法人のあり方と矛盾しないことから地代の認定課税は行われません。

使用貸借による土地貸借の場合、小規模宅地等の特例の適用が受けられないことに留意しなければなりません。「賃貸借」であれば、個人オーナーが所有する賃貸不動産のその敷地は、原則として「貸付事業用宅地等」とされ200㎡までの部分について50％減額を受けることができます。

貸付事業用宅地等とは、相続開始直前において被相続人等の事業の用又は居住の用に供されていることが要件の1つで、「事業の用に供されていること」とは、継続して相当の対価を収受していることが必要です。

そのため、使用貸借となっている土地は、事業の用に供されていないので、貸付事業用宅地等として小規模宅地等の特例の適用要件を満たさないことから、その特例の適用を受けることができません。

第7章 純資産価額(相続税評価額によって計算した金額)の計算

■無償返還方式における相続税評価額

区　　分	相続税評価額	
	賃貸借の場合	使用貸借の場合
借　地　権	零	零
同族会社の株価の計算上純資産価額に加算される金額	自用地評価額×20％(注1)	零
貸　宅　地	自用地評価額×80％(注2)	自用地評価額

(注1) 同族会社が，同族の地主から土地を借りていても，被相続人自身がその地主（土地所有者）でなければ，被相続人の株式評価では，自用地評価額×20％を純資産価額に加算する必要はありません。また，借地人の土地の相続税評価額は，建物が賃貸住宅等である場合には，自用地評価額×20％×（１−0.3×賃貸割合）として評価されます。

(注2) この取扱いについては，借地権の価額を０とすることからすると，貸宅地の価額は，自用地の価額によって評価するとの考え方もありますが，借地借家法の制約，賃貸借契約に基づく利用の制約等を勘案すれば，借地権の取引慣行のない地域においても20％の借地権相当額の控除を認容している（評基通25(1)）こととの均衡上，その土地に係る貸宅地の価額の評価においても20％相当額を控除することが相当であるとの考え方によるものです。

■無償返還方式（賃貸借型）における課税関係

		借地人（不動産管理会社）	地主（個人）
借地権設定時		課税関係なし	課税関係なし
地代の額		零から相当の地代の額の間で自由に設定可能	
地代の取扱い		損金の額に算入	不動産所得の収入金額
土地の相続税評価額	賃貸借	（株価計算）自用地評価額×20％	自用地評価額×80％

　賃貸借契約とするためには，固定資産税と都市計画税の合計額を上回るような地代（一般的には固定資産税と都市計画税の合計額の２〜３倍程度と言われている）を設定する必要があります。固定資産税や都市計画税は毎年変化するので，地代についても定期的に見直しを行うようにしましょう。

　しかし，地代の授受を行うと個人オーナーに収入が蓄積されます。これを抑えるためには，地代を支払わない方法，つまり，先程の使用貸借となるわけで

す。賃貸借契約と使用貸借契約の切替えはいつでも行うことができるので、実務的な対応としては、相続発生まであまり時間がないと予想される場合には賃貸借契約とし、相続発生まで時間があると予想される場合には当初は使用貸借契約としておき、途中で賃貸借契約に変更する方法が考えられなくもありません。

(8) 「相当の地代の改訂方法に関する届出書」

　法人が借地権の設定により他人に土地を使用させる場合、通常、権利金を収受する慣行があるにもかかわらず権利金を収受しないときには、原則として、権利金の認定課税が行われます。

　しかし、権利金の収受に代えて相当の地代を収受しているときは、権利金の認定課税は行われません。

　この場合の相当の地代の額は、原則として、その土地の更地価額のおおむね年6％程度の金額です。

　土地の更地価額とは、その土地の時価をいいますが、課税上弊害がない限り次の金額によることも認められます。

イ　その土地の近くにある類似した土地の公示価格などから合理的に計算した価額

ロ　その土地の相続税評価額又はその評価額の過去3年間の平均額

　相当の地代の改訂方法には、以下の2つの型があり、それぞれの型に応じた財産評価が必要となります。

① 改訂型

　相当の地代の額を、土地の価額に応じて順次改訂する方法をいいます。なお、地代はおおむね3年ごとに改訂すればよいこととなっています。改訂型の場合、常に土地の価額に対して適正な運用利回りに相当する地代を収受していることとなりますので、土地の評価は更地としての価値が常に地主に留保されている

第7章 純資産価額（相続税評価額によって計算した金額）の計算

ことになります。

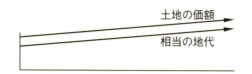

◎相当の地代方式の改訂型の場合の相続税評価額

区　　　分	相続税評価額
借　地　権	零
同族会社の株価の計算上 純資産価額に加算される金額	自用地評価額×20％（注1）
貸　宅　地	自用地評価額×80％（注2）

（注1）同族会社が、同族の地主から土地を借りていても、被相続人自身がその地主（土地所有者）でなければ、被相続人の株式評価では、自用地評価額×20％を純資産価額に加算する必要はありません。また、借地人の土地の相続税評価額は、建物が賃貸住宅等である場合には、自用地評価額×20％×（1－0.3×賃貸割合）として評価されます。

（注2）この取扱いについては、借地権の価額を0とすることからすると、貸宅地の価額は、自用地の価額によって評価するとの考え方もありますが、借地借家法の制約、賃貸借契約に基づく利用の制約等を勘案すれば、借地権の取引慣行のない地域においても20％の借地権相当額の控除を認容している（評基通25(1)）こととの均衡上、その土地に係る貸宅地の価額の評価においても20％相当額を控除することが相当であるとの考え方によるものです。

② 据置型

　相当の地代を半永久的に据え置く方法をいいます。据置型を選択すると、地価が上昇した場合、地代を据え置くことで、土地の価額に対する地代率が低くなっていきます。地代率が下がることによる底地割合の縮小が、借地権を自然発生させて借地人に徐々に帰属していきます。この土地の上昇による自然発生借地権の帰属については、借地権の認定課税は行われません。

　据置型を選択する目的としては、積極的に借地権を借地人に移転したい場合などが考えられます。借地権を不動産管理会社に移転させるためには、土地の価額が上昇することがポイントであり、現状ではあまり効果が期待できません。

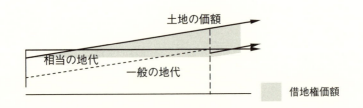

■相当の地代方式の据置型の場合の相続税評価額

区分	相続税評価額
借地権	自用地評価額×借地権割合×$\left(1-\dfrac{実際の地代-通常の地代}{相当の地代-通常の地代}\right)$
同族会社の株価計算上純資産価額に加算される金額	次の①又は②のいずれか大きい金額 ①借地権の算式により計算した金額 ②自用地評価額×20%
貸宅地	次の①又は②のいずれか小さい金額 ①自用地評価額-借地権の算式により計算した金額 ②自用地評価額×80%

※この場合の相当の地代は、過去3年間の土地の相続税評価額の平均値×6%

■相当の地代方式における課税関係

		借地人(不動産管理会社)	地主(個人)
借地権設定時		課税関係なし	
地代の額	改訂型	おおむね3年以下の期間ごとに改訂する	
	据置型	借地権設定時の相当の地代を据え置く	
地代の取扱い	改訂型	損金の額に算入	不動産所得の収入金額
	据置型	損金の額に算入	不動産所得の収入金額
土地の相続税評価額	改訂型	(株価計算) (※)により計算した価額	自用地評価額-(※)
	据置型	(株価計算) 自用地評価額×20%	自用地評価額×80%

第7章　純資産価額（相続税評価額によって計算した金額）の計算

(※)　次の①又は②のいずれか大きい金額
　①　自用地評価額×借地権割合×$\left(1-\dfrac{実際の地代－通常の地代}{相当の地代－通常の地代}\right)$
　②　自用地評価額×20%

　相当の地代方式による場合で，据置型を選択し，被相続人が土地所有者であるときは，借地人である法人の純資産価額は自用地評価額の20%以上が資産に計上されることになります。

(9) 貸倒引当金等

　貸倒引当金，一定の退職給与引当金，納税引当金その他の引当金及び準備金に相当する金額は負債に含まれません。

(10) 負債として計上できるもの

　帳簿に負債としての記載がない場合であっても，課税時期において未払いとなっている以下の金額は負債として計上します。

①　課税時期の属する事業年度に係る法人税額，消費税額，事業税額，都道府県税額及び市町村税額のうち，その事業年度開始の日から課税時期までの期間に対応する金額（課税時期において未払いのものに限る）

②　課税時期以前に賦課期日（毎年１月１日）のあった固定資産税の税額のうち，課税時期において未払いの金額（課税時期現在で納税通知書が未送達のものを含む）

③　被相続人の死亡により，相続人その他の者に支給することが確定した退職手当金，功労金その他これらに準ずる給与の金額

④　社葬費用（相続開始に伴う直接的な費用であり，相続税法上も課税価格の計算上控除することから，負債に計上しても差し支えない）

⑤　弔慰金（退職手当金等に該当するものとして相続税の課税価格に算入されることとなる金額に限り負債に計上することができるが，退職手当金等とみなされない弔慰金については，負債に計上することはできない）

(11) 生命保険金

被相続人の死亡を保険事故として、評価会社が受け取った生命保険金は、保険事故の発生によりその請求権が具体的に確定するものですから、生命保険金請求権として資産に計上することになります。

「取引相場のない株式（出資）の評価明細書」の「第5表 1株当たりの純資産価額（相続税評価額）の計算明細書」の記載にあたっては、「相続税評価額」欄及び「帳簿価額」欄のいずれにも記載します。

この場合、その保険料が資産に計上されているときは、その金額を資産から除外します。

また、その生命保険金を原資として被相続人に係る死亡退職金を支払った場合には、その支払退職金の額を負債に計上するとともに、支払退職金を控除した後の保険差益について課されることとなる法人税額等についても負債に計上します。

なお、評価会社が仮決算を行っていないため、課税時期の直前期末における資産及び負債を基として1株当たりの純資産価額（相続税評価額によって計算した金額）を計算する場合における保険差益に対応する法人税額等は、この保険差益によって課税所得金額が算出される場合のその課税所得の37％相当額によって差し支えありません。

(12) 全損型生命保険契約（生命保険契約に関する権利）

生命保険契約に関する権利の価額は、原則として、個々の契約に係る解約返戻金の額に相当する金額で評価するものとされています。そのため、保険会社等に対して、課税時期における解約返戻金の額に関する照会を行うことが必要となります。

第7章 純資産価額(相続税評価額によって計算した金額)の計算

コラム　総資産価額と純資産価額

自社株評価において,評価会社の資産価額について,その差異を一覧表にまとめると以下のようになります。

	類似業種比準方式			純資産価額方式
	総資産価額（帳簿価額）	総資産価額（相続税評価額）	簿価純資産価額	純資産価額
判定	会社規模区分の判定	土地保有特定会社及び株式保有特定会社の判定	・比準要素（資産基準）の金額の判定 ・特定の評価会社（比準要素数）の判定	純資産価額方式の計算
計算方法	各資産の確定決算書上の帳簿価額の合計額	総資産価額（相続税評価額）に占める土地等又は株式等（相続税評価額）の割合が一定以上	別表五（一）「利益積立金額及び資本金等の額の計算に関する明細書」の差引翌期首現在利益積立金額の差引合計額	総資産価額（相続税評価額）－負債の金額－評価差額に対する法人税額等相当額

第8章

特定の評価会社に該当する場合

この章では，特定の評価会社について，その概要を解説します。

1 特定の評価会社とは

　特定の資産の保有状況（株式・土地）や営業状況または経営成績から，通常の企業活動を遂行していると認定することが困難である会社については，会社規模の区分（大会社・中会社・小会社）の別にかかわらず，特別な評価方法により自社株の評価を行うことになります。
　このような会社を「特定の評価会社」といい，次の7つに分類されます。

■特定の評価会社と相続税評価額（支配株主の場合）

	分類(注1)	評価方式	
1	比準要素数1の会社(注2)	類似業種比準価額×0.25＋純資産価額(注5)×0.75	純資産価額(注7)とのいずれか少ない金額
2	株式保有特定会社(注3)	S1+S2方式(注6)	
3	土地保有特定会社(注3)	純資産価額方式	
4	開業後3年未満の会社		
5	比準要素数0の会社(注4)		
6	開業前・休業中の会社		
7	清算中の会社	清算分配見込額の複利現価方式	

（注1）評価会社が2以上の特定の評価会社の区分に該当する場合には，以下の順位による，より上位の区分が適用されることとされています。例えば，比準要素数ゼロの会社と株式保有特定会社の双方に該当する場合には，比準要素数ゼロの会社と判定されます。
　(1)　清算中の会社
　(2)　開業前・休業中の会社
　(3)　開業後3年未満の会社・比準要素数ゼロの会社
　(4)　土地保有特定会社
　(5)　株式保有特定会社
　(6)　比準要素数1の会社
（注2）直前期を基準として1株当たり配当・利益・簿価純資産のうち，いずれか2つが0で，かつ，直前々期を基準として1株当たり配当・利益・簿価純資産のうちいずれか2以上が0の会社をいいます。

(注3) 特定の評価会社のうち,「株式保有特定会社」や「土地保有特定会社」に該当する会社であるか否かを判定する場合において,課税時期前において合理的な理由もなく評価会社の資産構成に変動があり,その変動が株式(土地)保有特定会社に該当する会社であると判定されることを免れるためのものと認められる場合には,その変動はなかったものとしてその判定を行うこととされています。
(注4) 直前期を基準として1株当たり配当・利益・簿価純資産の3要素が0の会社をいいます。
(注5) 議決権割合が50%以下の同族株主グループに属する株主については,その80%で評価します。
(注6)「S1」の金額は,実際の事業活動部分としての株式の価額について類似業種比準方式を部分的に取り入れて評価し,「S2」の金額では,評価会社が所有する資産のうち,株式等についてのみ純資産価額としての価値を反映させて評価することができます。
(注7) (注5)のような80%評価はしません。

2 主な特定の評価会社の概要

主な特定の評価会社の概要を以下に解説します。

(1) 比準要素数1の会社

比準要素数1の会社とは，類似業種比準価額の計算において使用する「1株当たりの年配当金額」，「1株当たりの年利益金額」及び「1株当たりの純資産価額（帳簿価額）」の比準要素のうち，直前期末における2の比準要素について「0」となっており，かつ，直前々期末における2以上の比準要素についても「0」となっている会社をいいます。

比準要素数1の会社に該当している場合には，会社規模区分にかかわらず，納税者の選択により純資産価額に代えて「類似業種比準価額×0.25＋純資産価額×0.75」で評価することとされています。そのため，類似業種比準価額が純資産価額より低い会社においては，株価は高く評価されることとなります。

【設例】比準要素数1の会社の判定のための「1株当たりの年利益金額」の判定

比準要素数1の会社の判定のための「1株当たりの年利益金額」は，①直前期（1年間）で計算，又は②直前期以前2年間の平均により計算して判定することができます。

	ケース1	ケース2	ケース3	ケース4
① 直前期	△20円	8円	△20円	△20円
② 直前々期	22円	△15円	15円	△15円
③ 直前々期の前期	10円	10円	△10円	17円

ケース1
直前期はマイナスですが，①＋②の二期平均利益金額がプラスとなるので，比準要素数1の会社に該当しません。

ケース2
　①の直前期がプラスなので，比準要素数1の会社に該当しません。
ケース3
　直前期はマイナスで，かつ，①＋②の二期平均利益金額がマイナスですが，②＋③の二期平均利益金額がプラスとなるので，比準要素数1の会社に該当しません。
ケース4
　直前期はマイナスで，かつ，①及び②の年利益金額がマイナスですが，②＋③の二期平均利益金額がプラスとなるので，比準要素数1の会社に該当しません。
　さらに，ケース2の場合には，株式等の評価計算においても，①＋②の二期平均の年利益金額を選択するようにしたほうが株式等の評価額は低くなるケースもあるので，選択を誤らないように注意が必要です。

	原則	納税義務者の選択
評価方法	純資産価額	類似業種比準価額×0.25＋純資産価額×0.75

(2) 株式保有特定会社

　評価会社が有する資産のうちに，株式及び出資の占める割合が著しく多大であると認められる場合は，「株式保有特定会社」に該当し，原則として純資産価額方式によって自社株を評価することになります。

　株式保有特定会社の判定は，会社の規模にかかわらず，株式及び出資の価額（相続税評価額ベース）が総資産価額の50％以上であれば，株式保有特定会社に該当することになります。

　この株式及び出資には，上場株式，気配相場のある株式，取引相場のない株式，合名会社・合資会社・合同会社の出資など（民法上の組合等に対する出資は除く）が含まれ，所有目的や所有期間は問われません。なお，平成30年1月1日以後から株式等に「新株予約権付社債」が含まれ，「株式等保有特定会社」とされます。

　よって，流動資産の有価証券として区分される株式であるか，固定資産の投資有価証券として区分される株式であるかにかかわらず，評価会社が保有する株式及び出資（証券会社が保有する商品としての株式，外国株式，株式制のゴルフ会員権，J-REIT，特定金銭信託など）は，すべて株式保有特定会社の判

定における「株式及び出資」に該当します。

　ただし，匿名組合の出資，自己株式，証券投資信託の受益証券は「株式及び出資」に含まれないこととされているため，資産の組替えを行うことで（例：上場株式を売却し投資信託に買換える），株式保有特定会社に該当しないよう調整することができます。

　株式保有特定会社の株式の価額は，純資産価額（相続税評価額によって計算した金額）によって評価することとされています。この場合に，当該株式の取得者とその同族関係者の有する当該株式に係る議決権の合計数が議決権総数の50％以下であるときには，その80％で評価することとされています。
　ただし，上記の株式保有特定会社の株式の価額は，納税義務者の選択により，次の「Ｓ１の金額」と「Ｓ２の金額」との合計額によって評価することができます。
・「Ｓ１の金額」
　評価会社が保有する株式及び出資と当該株式及び出資の剰余金の配当（株式又は出資に係るものに限るものとし，資本金等の額の減少によるものを除く），利益の配当及び剰余金の分配（出資に係るものに限る）がなかったとした場合の大会社・中会社・小会社の区分に応じる原則評価方式による評価額

・Ｓ２の金額＝
$$\frac{\text{株式及び出資の相続税評価額の合計額} - (\text{株式及び出資の相続税評価額の合計額} - \text{株式及び出資の帳簿価額の合計額}) \times 37\%}{\text{課税時期における評価会社の発行済株式数}}$$

　これは，株式等の資産構成割合が高い会社のなかでも，相当規模の事業を営んでいる会社については，その事業相当部分の営業の実態も株式の評価に織り込む必要があるとも考えられることから，保有株式等とそれ以外の資産とに区分して，それぞれについての評価を行い，これらを合算するという「Ｓ１＋Ｓ２」方式が設けられています。

	原則	納税義務者の選択
評価方法	純資産価額	S1+S2方式

(3) 土地保有特定会社

課税時期において、次のいずれかに該当する会社をいいます。

① 大会社に区分される会社又は小会社に区分される一定の会社が、その有する各資産を評価した価額の合計額のうちに占める土地保有割合が70％以上である会社

② 中会社に区分される会社又は小会社に区分される一定の会社で、土地保有割合が90％以上である会社

■判定基準

	土地保有割合（相続税評価額による）			
大会社	70％以上			
中会社	90％以上			
小会社	総資産価額（帳簿価額）			土地保有割合（相続税評価額による）
	卸売業	小売・サービス業	卸売・小売・サービス業以外	
	20億円以上	15億円以上		70％以上
	20億円未満 7,000万円以上	15億円未満 4,000万円以上	15億円未満 5,000万円以上	90％以上
	7,000万円未満	4,000万円未満	5,000万円未満	適用除外

(注) 平成29年1月1日以後における財産評価から、卸売業以外の業種で、小会社に該当する会社について総資産価額が10億円基準から15億円基準に改正されています。

土地保有特定会社の判定の基礎となる土地等には、地目（宅地、田・畑、山林、原野、雑種地等）、所有目的（自用地、貸家建付地、販売用土地等）、所有期間にかかわらず、評価会社が有しているすべての土地及び土地の上に存する権利（地上権、借地権、賃借権等）を含むとされています。したがって、たな

卸資産に該当する土地等も含まれ，その価額は，通常の評価額（路線価方式又は倍率方式）ではなく，たな卸資産としての評価方法による評価額となります。

　土地保有特定会社の株式の価額は，純資産価額（相続税評価額によって計算した金額）によって評価することとしています。この場合における当該株式の取得者とその同族関係者の有する当該株式に係る議決権の合計数が議決権総数の50％以下であるときは，その80％で評価することとされています。

(4) 比準要素数ゼロの会社

　比準要素数０の会社とは，課税時期に係る直前期末を基とした類似業種比準価額計算上の評価会社の「１株当たりの配当金額」，「１株当たりの利益金額」及び「１株当たりの純資産価額（帳簿価額によって計算した金額）」のそれぞれの金額がいずれも０であるものをいいます。

　比準要素数１の会社が，課税時期に係る直前期末基準及び直前々期末基準の２基準の状況で判定するのに対し，比準要素数０の会社は，課税時期に係る直前期末の状況のみをもって判定することに留意する必要があります。

　ただし，配当金額及び利益金額については，直前期末以前２年間の実績を反映して判定します。

比準要素	判定基準		直前々期	直前期
Ⓑ配当	直前期末基準		直前期末以前２年間の平均により計算	
Ⓒ利益	単年度	選択	－	直前期（１年間）で計算
	２年平均		直前期末以前２年間の平均により計算	
Ⓓ純資産	直前期末基準		－	直前期末で計算

　比準要素数０の会社は，純資産価額（相続税評価額によって計算した金額）によって評価することとされていますが，議決権割合が50％以下の同族株主グループに属する株主については，その80％で評価することとされています。

第9章

「取引相場のない株式（出資）の評価明細書」から検証する自社株対策

　この章では、「取引相場のない株式（出資）の評価明細書」を基に、自社株対策の具体的な方法について検証します。

　また、自社株対策と併せて実行・確認しておきたい対策も解説します。

　なお、評価明細書の様式及び記載要領は、以下の国税庁のアドレスにPDFデータが掲載されています。

様式：

　http://www.nta.go.jp/shiraberu/zeiho-kaishaku/tsutatsu/kobetsu/hyoka/901227/01_h30.pdf

記載要領：

　http://www.nta.go.jp/shiraberu/zeiho-kaishaku/tsutatsu/kobetsu/hyoka/901227/02_h30.pdf

［平成30年2月1日確認］

1 評価明細書から検証する自社株対策

(1) 納税義務者の判定
（第1表の1　評価上の株主の判定及び会社規模の判定の明細書）

相続税の課税方式は遺産所得者課税方式を採用していることなどから，遺産分割後の取得者ごとに評価することとされています。そのため，相続人等が同族株主等であっても，支配権を有しない株主が取得するように工夫することで，特例的評価方式によって評価することができます。

そのことを，設例で確認することとします。

【設例】株式の分散移転による配当還元方式の採用
推定被相続人の子等が会社経営に関わる予定がない場合に，株式を分散して移転することにより，原則的評価方式でなく配当還元方式により評価できることを確認します。

1 前提

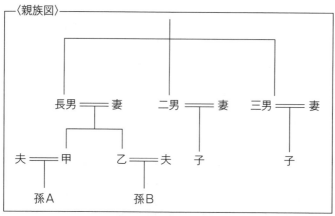
〈親族図〉

- （株）B社の所有株数（発行済株式数10,000株・議決権数10,000個）
  長男3,400株（34％）　二男3,300株（33％）　三男3,300株（33％）

- その他
  長男・二男及び三男以外は役員ではない。

[2] **長男所有株式の移転**

長男の子等がB社を承継する予定がない場合には,長男が所有する全株を以下の者に対して次のように一括して贈与・譲渡又は遺贈により移転します。
① 甲の夫・A・乙・乙の夫・Bに対してそれぞれ490株(4.9%)ずつ
② 甲に対して残株の950株(9.5%)

■評価方式

株主の態様							評価方式
評価対象者	同族株主	評価対象者	取得後の議決権割合が5%以上の株主				原則的評価方式(類似業種比準方式又は純資産価額方式,若しくはそれらの併用方式)
				中心的な同族株主がいない場合			
			取得後の議決権割合が5%未満の株主	評価会社	中心的な同族株主がいる場合	評価対象者	中心的な同族株主
							役員又は役員予定者
						その他の株主	特例的評価方式(配当還元方式)
	同族株主以外の株主						

長男の子等は,同族株主に該当しますが,甲を除いて,取得後の議決権割合が5%未満の株主で,その会社に中心的な同族株主(二男又は三男)がいて,その株主(長男の子等)が中心的な同族株主(以下の判定表参照)でなく,かつ,役員(又は役員予定者)でないことから,上記の図表の「その他の株主」に該当し,特例的評価方式によって評価することができます。

■中心的な同族株主に該当するか否かの判定表

範囲 判定者		二男	三男	甲	甲の夫	A	乙	乙の夫	B	合計	判定
		3,300	3,300	490	490	490	490	490	490	10,000	
二男		3,300	3,300	―	―	―	―	―	―	6,600	○
三男		3,300	3,300	―	―	―	―	―	―	6,600	○
長男の家族	甲	―	―	950	490	490	490	―	―	2,420	×
	甲の夫	―	―	950	490	490	―	―	―	1,930	×
	A	―	―	950	490	490	―	―	―	1,930	×
	乙	―	―	950	―	―	490	490	490	2,420	×
	乙の夫	―	―	―	―	―	490	490	490	1,470	×
	B	―	―	―	―	―	490	490	490	1,470	×

　同族株主が有する株式を原則的評価方式によって評価するか否かの判定は、相続・贈与又は譲渡があった後の株主の状況により判定しますので、生前に遺言書を作成しておき、配当還元方式によって相続人等が取得できるようにする方法や、相続発生後であっても、被相続人等の所有議決権数によっては、自社株の相続の仕方を工夫して、配当還元方式により評価することも可能です。

■納税義務者ごとの判定

	同族株主	取得後5％以上	中心的な同族株主	役員	判定
甲	該当	該当	―	―	原則評価
甲の夫	該当	非該当	非該当	非該当	特例評価
A	該当	非該当	非該当	非該当	特例評価
乙	該当	非該当	非該当	非該当	特例評価
乙の夫	該当	非該当	非該当	非該当	特例評価
B	該当	非該当	非該当	非該当	特例評価

　なお、長男所有の普通株式の一部を無議決権株式に組み換える方法や、当該発行会社へ譲渡（金庫株）することによっても、議決権数を減少させることにつながることから、配当還元方式によって相続又は遺贈しやすくなる効果が期待できます。
　しかし、自社株を分散しすぎると同族の支配権が確保できなくなるケースや、分散した後に株を買い戻そうとする場合に、その価額でトラブルになるなどの心配が

あります。特に買い戻す場合の価額については，配当還元価額により移転した株であっても，支配権を有する同族株主等が買い戻すときは，原則的評価方式による価額でないと贈与税が課税される可能性が高いので，注意が必要です。

(2) 会社規模区分の引上げ

（第1表の2　評価上の株主の判定及び会社規模の判定の明細書（続））

（第3表　一般の評価会社の株式及び株式に関する権利の価額の計算明細書）

まず，評価対象会社の会社規模区分（大・中・小）を確認し，次に，類似業種比準価額と純資産価額を確認します。類似業種比準価額が低い会社は，会社規模区分をランクアップさせるだけで株価を引下げることができます。

そのため，評価対象会社が，類似業種比準価額＜純資産価額か，類似業種比準価額≧純資産価額かの確認が欠かせません。

【設例】会社規模区分がランクアップした場合

■会社規模区分別純資産価額と類似業種比準価額

（単位：円）

	純資産価額	会社規模区分別・類似業種比準価額 [注]		
		大会社	中会社	小会社
A社	500	126	108	90
B社	300	210	180	150
C社	150	294	252	210

(注)　類似業種比準価額の計算において，斟酌率が大会社0.7，中会社0.6，小会社0.5とされているため，大会社の類似業種比準価額126円の場合，中会社では126円×0.6÷0.7＝108円，小会社では126円×0.5÷0.7＝90円と計算される。

■会社規模区分別株価

(単位:円)

	大会社	中会社			小会社
		大 (注2)	中	小	
A社	126	147	206	264	295
B社	210	192	210	228	225
C社	150	150	150	150	150

(注1) 純資産価額は変動しないものと仮定。
(注2) A社が中会社の大の場合,108円×0.9+500円×(1−0.9)=147円となる。

上記A社又はB社の場合には,一部の例外(B社の場合の「中会社の大」)を除き,会社規模区分をランクアップ(小会社→中会社→大会社)すればそれだけで株価は下落します。

しかし,C社の場合には,会社規模区分をランクアップしても株価は変動しません。
会社規模区分をランクアップさせるためには,以下のいずれかの方法が考えられます。

① 従業員数を増やす

例えば,総資産価額が1億円で,従業員数が5人以下の場合,従業員数が5人超になれば,「小会社」から「中会社の小」に会社規模区分がランクアップします。

従業員数は,勤務時間の長短あるいは常時使用される者であるか否かにかかわらず,評価会社において使用される個人で賃金を支払われる者(役員を除く)をいいます。

評価会社の従業員数は,判定期間である課税時期の直前期末以前1年間を通じてその期間継続して評価会社に勤務していた従業員で,かつ,就業規則等で定められた1週当たりの労働時間が30時間以上である従業員については,1人としてカウントします。

それ以外の従業員(パートタイマーや事業年度の途中で入退社した者など)については,これらの1年間の労働時間の合計時間数を従業員1人当たりの平均的な労働時間である1,800時間で除した数値を従業員数としてカウントすることとされています。

② 総資産価額(帳簿価額)を増やす

評価会社が固定資産の償却額の計算を間接法によって表示している場合には,その帳簿価額の合計額から減価償却累計額を控除し(ただし,法人税の申告書におい

て「減価償却超過額」があっても加算しない),売掛金・受取手形・貸付金等に対する貸倒引当金は控除しないこととされています。

総資産価額を増やすためには,借入金で資産を取得するなどの方法が考えられます。

③ 取引金額を増やす

取引金額とは,課税時期の直前期末以前1年間における評価会社が目的とする事業による収入金額(売上高)をいいます。

なお,金融業・証券業については,収入利息及び収入手数料とすることとなっています。

④ 卸売業としての業種判定に誤りはないか確認する

いずれの業種に該当するかは,日本標準産業分類を基に直前期末以前1年間における取引金額に基づいて判定します。日本標準産業分類によると,「卸売業」とは,建設業,製造業,運輸業,飲食店,宿泊業,病院,学校,官公庁等の産業用使用者に商品を「大量又は多額に販売」するもの,とし,一方,「小売業」とは,建設業,農林水産業(法人組織),製造業,運輸業,飲食店,宿泊業,病院,学校,官公庁等の産業用使用者に「少量又は少額に商品を販売」するものとしています。

卸売業と小売業では,会社規模区分の判定が大きく異なることがあるため,事業実態を確認し,誤りのない判定をすることが重要です。

なお,当該取引金額のうちに2以上の業種に係る取引金額が含まれている場合には,それらの取引金額のうち最も多い取引金額に係る業種によって判定します。評価会社がどの業種に該当するかについては,「日本標準産業分類の分類項目と類似業種比準価額計算上の業種目との対比表」によることとされています。

【日本標準産業分類(抜粋)】

【卸売業】
1. 卸売業とは,主として次の業務を行う事業所をいう。
(1) 小売業又は他の卸売業に商品を販売するもの。
(2) 建設業,製造業,運輸業,飲食店,宿泊業,病院,学校,官公庁等の産業用使用者に商品を大量又は多額に販売するもの。
(3) 主として業務用に使用される商品{事務用機械及び家具,病院,美容院,レストラン,ホテルなどの設備,産業用機械(農業用器具を除く)など}を販売するもの。
(4) 製造業の会社が別の場所に経営している自己製品の卸売事業所(主として統括的管理的事務を行っている事業所を除く)
(5) 他の事業所のために商品の売買の代理行為を行い,又は仲立人として商品の売買のあっせんをするもの。

> 5422　自動車部分品・附属品卸売業（中古品を除く）
> 主として自動車の部分品及び附属品を卸売する事業所をいう。
> ○自動車部分品・附属品卸売業；オートバイ部分品・附属品卸売業；自動車電装品卸売業；自動車タイヤ卸売業；カーアクセサリ卸売業；カーエアコン卸売業；カーステレオ卸売業；カーナビゲーション卸売業
>
> 【小売業】
> 1．小売業とは，主として次の業務を行う事業所をいう。
> (1)　個人用又は家庭用消費のために商品を販売するもの
> (2)　建設業，農林水産業（法人組織），製造業，運輸業，飲食店，宿泊業，病院，学校，官公庁等の産業用使用者に少量又は少額に商品を販売するもの
>
> 5913　自動車部分品・附属品小売業
> 主として自動車の部分品及び附属品を小売する事業所をいう。
> ○自動車部分品・附属品小売業；自動車タイヤ小売業；カーアクセサリ小売業；カーエアコン小売業；カーステレオ小売業；カーナビゲーション小売業

⑤　グループ会社などを合併して従業員数等を増やすことはできないか

　グループ会社がある場合に，合併すると従業員数等が増加するので，会社規模区分を引き上げることができることもあります。また，事業会社の事業に関連する会社を買収するなどの方法も考えられます。

　しかし，これらの方法は，本来，経営上の必要性などを優先して判断すべきで，単に自社株の評価額を引き下げることだけを目的とする選択は本末転倒と考えておくべきでしょう。

(3)　配当比準又は利益比準の引下げ対策

　（第4表　類似業種比準価額等の計算明細書）

　類似業種比準価額は，1株当たりの配当金額，利益金額及び簿価純資産価額の3つの比準要素を基に計算されることから，評価対象会社のそれらの比準割合を引下げることで類似業種比準価額が下がることになります。

　そのうち，配当金額及び利益金額は上手にコントロールしやすいことから，それらの金額がゼロとした場合に自社株の評価額がどのくらい引き下げられるのか，以下の設例で確認してみます。

第9章 「取引相場のない株式(出資)の評価明細書」から検証する自社株対策

【設例】配当金額・利益金額を引下げた場合

1 前提
- 甲社の会社規模区分 中の「大」
- 純資産価額 9,500円
- 類似業種の株価及び比準要素の金額
  (i) 類似業種の株価 150円
  (ii) 比準要素の金額

	評価会社	類似業種会社
配当金額	12円	2円
利益金額	800円	10円
純資産価額	8,000円	200円

  (iii) 類似業種の金額
  150円×(12円÷2円+800円÷10円+8,000円÷200円)÷3×0.6＝3,780円

- 1株当たりの価額の計算
  3,780円×0.9+9,500円×(1−0.9)＝4,352円

2 配当金額をゼロへ
  甲社が無配であると仮定すると株価は以下のようになります。
- 類似業種の金額
  150円×(0円÷2円+800円÷10円+8,000円÷200円)÷3×0.6＝3,600円
- 1株当たりの価額の計算
  3,600円×0.9+9,500円×(1−0.9)＝4,190円

3 利益金額をゼロへ
  1株当たりの利益金額を下げるためには、(1)所有資産のうち、含み損を有している資産については売却するなどによって損失を実現させる、(2)生命保険などの課税の繰延べ商品を活用して1株当たりの利益金額を小さくする、(3)役員退職金を支給するなどの対策が効果的です。
  甲社の1株当たりの利益金額がゼロ円である場合の株価は以下のようになります。
- 類似業種の金額
  150円×(12円÷2円+0円÷10円+8,000円÷200円)÷3×0.6＝1,379円
- 1株当たりの価額の計算
  1,379円×0.9+9,500円×(1−0.9)＝2,191円

甲社の場合、1株当たりの利益金額が類似業種の会社の利益金額に比べてかなり高いことから、類似業種比準価額も高く算出されています。

そこで、役員退職金などの支給によって当期の所得金額が0円となったタイミングにおいては、その株価は2分の1程度に大幅に下落します。事業承継を考える場合に、みなし退職による生前退職金の支給が株価の引下げに繋がります。

> **参考：甲社が仮に医療法人であった場合**
> 医療法人は配当することができないため、配当比準要素についてはないものとして評価することとされています。そのため、比準割合は2で除することとなり、一般の会社と比較して利益比準要素の影響を大きく受けることとなります。
>
> (a) 前提条件の場合
> ・類似業種の金額
>   150円×（800円÷10円＋8,000円÷200円）÷2×0.6＝5,400円
> ・1口当たりの価額の計算
>   5,400円×0.9＋9,500円×（1－0.9）＝5,810円
> (b) 仮に役員退職金などの支給により当期の所得金額が0円である場合
> ・類似業種の金額
>   150円×（0円÷10円＋8,000円÷200円）÷2×0.6＝1,800円
> ・1口当たりの価額の計算
>   1,800円×0.9＋9,500円×（1－0.9）＝2,570円

4 配当金額及び利益金額ゼロへ

配当金額及び利益金額の2つの比準要素をゼロに引き下げると、甲社の株価は以下のとおりになります。
・類似業種の金額
  150円×（0円÷2円＋0円÷10円＋8,000円÷200円）÷3×0.6＝1,199円
・1株当たりの価額の計算
  1,199円×0.9＋9,500円×（1－0.9）＝2,029円

■まとめ

	現状	配当金額ゼロ	利益金額ゼロ	配当及び利益金額ゼロ
株価	4,352円	4,190円	2,191円	2,029円

(4) 比準要素数1の会社の場合

（第6表　特定の評価会社の株式及び株式に関する権利の価額の計算明細書）

比準要素数1の会社に該当している場合には，会社規模区分にかかわらず，「類似業種比準価額×0.25＋純資産価額×0.75」で評価することとされています。そのため，類似業種比準価額が純資産価額より低い会社においては，株価は高く評価されることとなります。

【設例】比準要素数1の会社を回避した場合

■会社規模区分別純資産価額と類似業種比準価額

（単位：円）

	純資産価額	会社規模区分別・類似業種比準価額(注)		
		大会社	中会社	小会社
A社	500	126	108	90
B社	300	210	180	150
C社	150	294	252	210

（注）　類似業種比準価額の計算において，斟酌率が大会社0.7，中会社0.6，小会社0.5とされているため，大会社の類似業種比準価額126円の場合，中会社では126円×0.6÷0.7＝108円，小会社では126円×0.5÷0.7＝90円と計算される。

■比準要素数1の会社に該当している場合の株価

（単位：円）

	大会社	中会社(注2)			小会社
		大	中	小	
A社	406	402	402	402	397
B社	277	270	270	270	262
C社	150	150	150	150	150

（注1）　純資産価額は変動しないものと仮定。
（注2）　A社が中会社である場合，108円×0.25＋500円×（1－0.25）＝402円となる。

例えば，A社で会社規模区分が「中会社の小」である場合に，比準要素数1の会社に該当すると，株価は402円（比準要素数1の会社でなければ264円：108円×0.6＋500円×0.4）となります。そのため，比準要素数1の会社に該当しないように，配当を行うなどの対策が必要となります。

　比準要素数1の会社に該当する場合で，自社株の相続税評価額が高いケースでは，過去の利益の累積額や含み益が多くあり純資産価額が高いと考えられます。そのため，配当原資は十二分にあるはずで，配当を行うことが最も簡単な選択であると思われます。この場合，1株（50円）当たりの配当金を直前期末以前2年間の平均で求めることや，少額な配当を行う場合1株（50円）当たりの年配当金額は「10銭未満切捨て」とされていることにも注意が必要です。

■比準要素数1の会社の判定

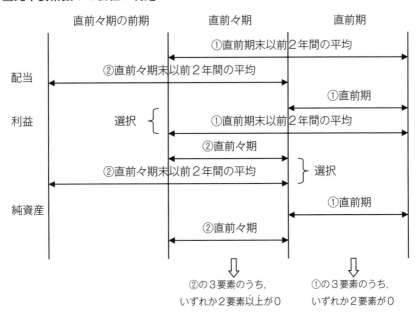

第9章 「取引相場のない株式（出資）の評価明細書」から検証する自社株対策

【比準要素判定の際の端数処理】

　端数処理を行って0円となる場合には、その比準要素は0とされます。端数処理は、「取引相場のない様式（出資）の評価明細書」の「第4表　類似業種比準価額等の計算明細書」の各欄の表示単位未満の端数を切捨てることとされています。

- 1株当たりの年配当金額……………10銭未満切捨て
- 1株当たりの年利益金額……………円未満切捨て
- 1株当たりの純資産価額……………円未満切捨て
- 1株当たりの年配当金額の比準割合……小数点2位未満切捨て
- 1株当たりの年利益金額の比準割合……小数点2位未満切捨て
- 1株当たりの純資産価額の比準割合……小数点2位未満切捨て
- 比準割合の計算における比準割合………小数点2位未満切捨て
- 1株（50円）当たりの比準価額…………10銭未満切捨て
- 1株当たりの比準価額………………円未満切捨て

(5) 比準要素数ゼロの会社の場合

（第6表　特定の評価会社の株式及び株式に関する権利の価額の計算明細書）

　比準要素数0の会社は、帳簿価額によって計算した純資産価額が「0」であることから、自社株の評価額は高くない事例が多いと思いますが、設例のような場合もありますので、安心は禁物です。

【設例】比準要素数ゼロの会社を回避した場合

① 前提
- A社の概要
- 1株当たりの配当金額　0円
- 1株当たりの利益金額　0円
- 純資産価額
　資本金額（1,000万円）、法人税法に規定する資本積立金額（1,000万円）、法人税法に規定する利益積立金額（△3,000万円）

- 発行済株式数　200,000株（父が全株所有している）
- 評価明細書第5表

（単位：千円）

資産の部			負債の部		
科目	相続税評価額	帳簿価額	科目	相続税評価額	帳簿価額
株式	20,000	1,000	諸負債	28,000	28,000
借地権	60,000	0			
保険積立金	4,000	2,000			
その他	15,000	15,000			
合計	99,000	18,000	合計	28,000	28,000

2　A社株式の相続税評価額（課税時期現在の純資産価額）

A社は，課税時期に係る直前期末では，3つの比準要素がいずれも0であることから，「比準要素数0の会社」に該当し，純資産価額によって評価します。

1株当たりの純資産価額は以下のように計算します。

① 相続税評価額による純資産価額　99,000千円－28,000千円＝71,000千円
② 帳簿価額による純資産価額　18,000千円－28,000千円＜0　∴ 0
③ 評価差額に相当する金額　①－②＝71,000千円
④ 評価差額に対する法人税額等相当額　71,000千円×37%（※）＝26,270千円
⑤ 課税時期現在の純資産価額　71,000千円－26,270千円＝44,730千円
　※　課税時期が平成28年4月以降である場合の法人税等の税率

3　解説

社歴の長い会社などでは，含み益を相当額有する会社もあります。特に，地価の高い所で事業を行っている会社の場合に，土地を第三者（社長であることも珍しくありません）から賃借しているときなどでは，高額な借地権を有することもあります。

設例におけるA社は帳簿価額で判定すると，債務超過となっています。しかし，簿外資産などを含めて相続税評価額で純資産価額を求めると，自社株の相続税評価額は44,730千円となります。

そこで，比準要素数0の会社を脱却するために，以下のような方法が考えられます。

(a) 評価会社への貸付金等がある場合には，債権放棄によって帳簿価額による債務超過を解消する（繰越欠損金がない場合には，法人税課税に注意が必要）。
　⇒ 資産比準がプラス
(b) 含み益のある不動産について，評価替えを行い評価益を計上し，帳簿価額による債務超過を解消し（法人税法上は原則として評価益については課税されない），

配当可能限度額（注）に注意しながら，配当金の支払いを行う。
⇒　配当比準がプラス

（注）配当可能限度額は，原則として「純資産額－（資本の額＋資本準備金＋利益準備金＋その決算期に積み立てるべき利益準備金）」の計算式で求められる。ただし，株式会社においては，配当後の純資産額が300万円以上であることが必要とされている（会社法458条）。

以上の2つの対策の効果により，一般の評価会社として評価することができます。

(6) 株式保有特定会社又は土地保有特定会社に該当している場合

（第6表　特定の評価会社の株式及び株式に関する権利の価額の計算明細書）
（第7表　株式保有特定会社の株式の価額の計算明細書）
（第8表　株式保有特定会社の株式の価額の計算明細書（続））

それぞれの特定会社に該当しないように資産構成を変更することが必要となります。

①　株式保有特定会社の場合

株式保有特定会社の対応策の基本は，評価会社が所有する株式等を一定数譲渡すれば資産が株式等から現預金に変わり株式保有特定会社から逃れられます。

その際に，評価会社が保有する株式が，上場会社のオーナーの株式である場合には，その株式を譲渡等によって異動させるときに，インサイダー取引に該当しないように注意が必要です。また，株式等の譲渡に伴う譲渡益に対する法人税課税も考慮に入れて判断しなければなりません。

株式等の譲渡による選択ができない場合には，新たに賃貸不動産を借入金で取得したり，中会社又は一定の小会社である場合には，会社規模区分を大会社又は小会社のうち総資産価額を増加させるなどの方法によって株式保有特定会社から逃れる選択肢も考えられます。

②　土地保有特定会社の場合

株式保有特定会社と同様に，評価会社が所有する土地等を譲渡し，資産構成

を変えることが基本です。しかし、譲渡に伴い、譲渡益が生じる場合には、法人税等の負担が生じます。また、土地等以外の資産を借入金等によって取得することや、増資によって土地等以外の資産を増やして土地等の割合を引き下げることも選択肢の1つです。

③ 留意点

　特定の評価会社のうち、「株式保有特定会社」や「土地保有特定会社」に該当する会社であるか否かを判定する場合において、課税時期前において合理的な理由もなく評価会社の資産構成に変動があり、その変動が株式（土地）保有特定会社に該当する会社であると判定されることを免れるためのものと認められる場合には、その変動はなかったものとしてその判定を行うこととされています。

第9章 「取引相場のない株式(出資)の評価明細書」から検証する自社株対策

2 遺言書の作成

　後継者へのスムーズな事業継続のために不可欠な資産を承継するための対策として遺言書の作成も重要です。
　自社株を後継者に相続させることができない場合には，相続税の負担や会社の意思決定にも大きな影響を与えます。

(1) 未分割の場合の議決権

　未分割である自社株は，相続人間で遺産分割が行われるまでは，相続財産は相続人全員による共有状態となります。
　そのため，遺産分割が行われるまでは，1個1個の株式が相続人全員の共有(準共有：民法264条)となります。1個の株式ごとに，株主権を行使する者1人を定め，会社に対して通知しなければ，その株式について権利を行使することができません。
　このため，後継者以外の他の共同相続人が反対の立場で共同歩調をとられた場合は後継者による経営の安定が阻害されることになりますし，株主権を行使する者がいなくなれば株主総会の開催さえ難しくなります。
　このようなことにならないために，相続前に遺言書を作成し，相続発生時において株主権が行使できるようにしておくことも対策の1つです。事業承継者に株式を相続させる旨の遺言書を作成することにより，相続時点で株式の帰属が決まることになります。
　なお，遺言書によっても遺留分の減殺請求により希望どおり後継者へ自社株を集中させることができない場合も想定されます。
　しかし，民法(相続関係)等の改正に関する中間試案における，遺留分制度に関する見直しのうち，「遺留分減殺請求権の効力及び法的性質の見直し」では，遺留分減殺請求によって当然に物権的効果が生ずるとされている現行の規

律を改め，遺留分減殺請求によって原則として金銭債権が発生するものとしつつ，受遺者又は受贈者において，遺贈又は贈与の目的財産による返還を求めることができる制度を設けるものとする，としています。

(2) 自社株を含む遺産が未分割の場合の議決権の判定

自社株が未分割である場合，各相続人ごとに，各々所有する株式数にその未分割の株式数の全部を加算した数に応じた議決権数を基に判定し，自社株の相続税評価額を求めます。

【設例】 未分割→遺産分割後の株価の変動

1 前提

- 被相続人　父（平成29年4月死亡）
- 相続人　　母・長男・二男（全員A社の役員ではない）
- 相続財産
  - (株)A社株式　1,200株
    （12％所有しすべて普通株式で議決権は1株につき1個。原則的評価方式による価額2万円・配当還元価額500円）
  - その他　　22,800万円
- (株)A社の株主の状況
  父の兄が株式の6,800株（68％）の株式を，父の兄の子は2,000株（20％）所有しています。父の兄が代表取締役，父は専務取締役で，父の兄の子が取締役に就任していて将来の後継予定者と目されています。

2 遺産分割

相続税の申告期限内に遺産分割協議は調わなかったが，平成30年4月にすべての財産を3分の1ずつ相続することで遺産分割協議が調った。

(単位：万円)

	期限内申告（未分割）				遺産分割後（3分の1ずつ相続）			
	母	長男	二男	合計	母	長男	二男	合計
A社株式	1,200	600	600	2,400	20	20	20	60
その他	11,400	5,700	5,700	22,800	7,600	7,600	7,600	22,800
課税価格	12,600	6,300	6,300	25,200	7,620	7,620	7,620	22,860

第9章 「取引相場のない株式(出資)の評価明細書」から検証する自社株対策

相続税の総額	4,040			4,040	3,414		3,414
各人の算出税額	2,020	1,010	1,010	4,040	1,138	1,138	1,138	3,414
配偶者の税額軽減額	−	−	−	−	△1,138	−	−	△1,138
納付税額	2,020	1,010	1,010	4,040	0	1,138	1,138	2,276

3 解説

　未分割の場合には，相続人の1人がすべての株式を相続したものとして自社株の評価方法を判定することとされているため，相続人全員が同族株主に該当し，かつ，取得後の議決権割合が5％以上であることから，原則的評価方法によって評価されます。

　その後，遺産分割協議が調い，相続人全員が取得後の議決権割合が5％未満で，中心的な同族株主に該当しないことから，特例的評価方式によって評価することができます。また，配偶者の税額軽減についても適用することができます。

　相続税の申告書を提出した後において，その申告書に記載された課税価格や相続税額に不足額があることを発見した場合には，税務署長の更正の通知があるまでは，修正申告書を提出することができます。

　相続税法における相続税の特則において，任意的な修正申告の規定では，相続税の期限内申告書又は期限後申告書を提出した者（相続税について決定を受けた者を含む）は，未分割遺産に対する課税の規定により分割されていない財産について民法の規定による相続分又は包括遺贈の割合に従って課税価格が計算されていた場合において，その後その財産の分割が行われ，共同相続人又は包括受遺者がその分割により取得した財産に係る課税価格がその相続分又は包括遺贈の割合に従って計算された課税価格と異なることとなったことなどによる事由が生じたため，すでに確定した相続税額に不足を生じた場合には，修正申告書を提出することができる，としています。

　一方，相続税法の特則による更正の請求に基づき更正があった場合には，税務署長は，当該請求をした者の被相続人から相続又は遺贈により財産を取得した他の者につき，当該他の者が相続税の期限内申告書（これらの申告書に係る期限後申告書及び修正申告書を含む）を提出し，又は相続税について決定を受けた者である場合において，当該申告又は決定に係る課税価格又は相続税額（当該申告又は決定があった後修正申告書の提出又は更正があった場合には，当該修正申告又は更正に係る課税価格又は相続税額）が当該請求に基づく更正の基因となった事実を基礎として計算した場合におけるその者に係る課税価格又は相続税額と異なることとなること，などがあるときは，当該事由に基づき，その者に係る課税価格又は相続税額の更正

又は決定をすることとしています。

　以上のことから，設例の場合には，長男及び二男は遺産分割による納付税額は1,138万円となることから，期限内申告の納付税額1,010万円より多いため，修正申告に区分されます。しかし，この場合の修正申告は任意とされているため，自主的に修正申告を行う（追加の相続税を納付する）人はいないと思われます。

　しかし，母は，遺産分割が調ったことなどから配偶者の税額軽減の規定の適用を受けることができ，期限内申告によって納付した税額2,020万円を更正の請求によって還付を受けると，長男及び二男から修正申告書の提出がなければ税務署長は更正処分を行い，追加の相続税を課税することとしています。

3　特定同族会社事業用宅地等の特例の適用要件の確認

　自社株以外にも事業継続に不可欠な事業用資産は後継者が相続する財産として欠かせないものです。一例として先代経営者が所有し特定同族会社(注)が利用している不動産があります。

　確実に相続させるための1つの方法は，遺言書に，後継者にその不動産を相続させる旨記載しておくことです。

　また，特定同族会社事業用宅地等として小規模宅地等の特例の要件を満たしているか確認し，要件を満たしていないときは，地代・家賃の支払いについて早急に見直しが必要です。特定同族会社事業用宅地等で，小規模宅地等の特例の適用を受けることができたら400㎡までの部分について80％の減額することができるため，この特例の適用を受けられるか否かは，相続税の負担に大きな影響が生じます。

　推定被相続人の事業の用に供されている宅地等について，特定同族会社事業用宅地等に該当する可能性を有するか又は貸付事業用宅地等若しくは小規模宅地等に一切該当しないかの判定は次のとおりとなります。

■小規模宅地等の特例適用判定表（特定同族会社事業用宅地等の場合）
① 他に貸し付けられている場合の取扱い（土地所有者：被相続人の場合）

建物所有者	地代	判　定		
		特定事業用等	貸付事業用	適用外
特定同族会社	有償	○	—	—
特定同族会社	無償	—	—	○

② ①以外の宅地等の取扱い

建物所有者	地代	建物利用者	家賃	判定		
				特定事業用等	貸付事業用	適用外
被相続人	—	特定同族会社	有償	○	—	—
被相続人	—	特定同族会社	無償	—	—	○
生計一親族	有償	特定同族会社	不問	—	○	—
生計一親族	無償	特定同族会社	有償	○	—	—
生計一親族	無償	特定同族会社	無償	—	—	○
生計別親族	有償	特定同族会社	不問	—	○	—
生計別親族	無償	特定同族会社	不問	—	—	○

出典：笹岡宏保『平成26年11月改訂 詳解小規模宅地等の課税特例の実務』（清文社）を筆者加工。

以上のことから，特定同族会社との土地・建物の貸借では，賃貸借でなければ貸付事業用に該当しないことから，小規模宅地等の特例の適用を受けることができません。

そのため，生前に土地・建物の貸借関係について事前の確認が欠かせません。

なお，会社に必要な資産，例えば社長個人の土地の上に会社が建物を建てて利用している場合や，社長個人の土地・建物を会社が賃借しているときには，それらの不動産等を会社に譲渡するなどして，後継者が事業承継に必要な資産も，自社株を相続することで，すべて承継できるようにしておくことも検討課題です。

(注) 特定同族会社とは，相続開始の直前において被相続人及び被相続人の親族等が法人の発行済株式の総数又は出資の総額の50％超を有している場合におけるその法人（相続税の申告期限において清算中の法人を除く）をいいます。

第9章 「取引相場のない株式(出資)の評価明細書」から検証する自社株対策

■小規模宅地等の特例制度の概要

相続開始の直前における宅地等の利用区分				要件	限度面積	減額割合
被相続人等の事業の用に供されていた宅地等	貸付事業以外の事業用の宅地等		①	特定事業用宅地等に該当する宅地等	400㎡	80%
	貸付事業用の宅地等	一定の法人に貸し付けられ,その法人の事業(貸付事業を除く)用の宅地等	②	特定同族会社事業用宅地等に該当する宅地等	400㎡	80%
			③	貸付事業用宅地等に該当する宅地等	200㎡	50%
		一定の法人に貸し付けられ,その法人の貸付事業用の宅地等	④	貸付事業用宅地等に該当する宅地等	200㎡	50%
		被相続人等の貸付事業用の宅地等	⑤	貸付事業用宅地等に該当する宅地等	200㎡	50%
被相続人等の居住の用に供されていた宅地等			⑥	特定居住用宅地等に該当する宅地等	330㎡	80%

(注1)「貸付事業」とは,「不動産貸付業」,「駐車場業」,「自転車駐車場業」及び事業と称するに至らない不動産の貸付けその他これに類する行為で相当の対価を得て継続的に行う「準事業」をいいます。

(注2)貸付事業用宅地等の「限度面積」については,以下の算式によって求められます。
200㎡ − (A×200㎡÷400㎡ + B×200㎡÷330㎡) = 貸付事業用宅地等の限度面積
A:「特定事業用宅地等」,「特定同族会社事業用宅地等」の面積の合計(①+②)
B:「特定居住用宅地等」の面積の合計(⑥)

4 同族会社への貸付金の放棄又はDES

　同族会社への貸付金については，債権として相続税の課税価格に算入されます。そのため，貸付金の回収が困難と予想される場合などでは，生前中に貸付金の放棄やDESなどによって貸付金を処理しておくことが望ましいと考えます。
　その場合，課税関係には細心の注意が必要です。

(1) みなし贈与（遺贈）

　貸付金の放棄を受けた会社は，債務免除を受けた金額に相当する利益が発生しますが，法人税法上の繰越欠損金があれば，これと相殺されますので，その欠損金の範囲内の債務免除であれば結果として法人税等は課税されません。
　しかし，同族株主による債権放棄については，同族会社の純資産価額がその債務免除額に相当する金額だけ増加することとなります。そのことによって，その会社の株式等の相続税評価額が上がった場合には，その部分の価額は，債権放棄した株主から他の同族株主への贈与（その行為が遺言等による場合には，遺贈）とみなされ贈与税（遺贈の場合には，相続税）が課税されることとなります。
　また，資本金の額が1億円を超える会社などの場合には，特定同族会社の留保金課税を受けるケースがありますので注意が必要です。

第9章 「取引相場のない株式（出資）の評価明細書」から検証する自社株対策

【設例】

1 前提

- 甲社（中会社・4月決算。比準要素数1の会社に該当）

■第5表　1株当たりの純資産価額（相続税評価額）の計算明細書

社長（父）による債権放棄直前の資産及び負債の金額						
資産の部（単位：千円）			負債の部（単位：千円）			
科　目	相続税評価額	帳簿価額	科　目	相続税評価額	帳簿価額
資　産	600,000	400,000	社長借入金	200,000	200,000
			その他負債	400,000	400,000
合　計	600,000	400,000	合　計	600,000	600,000

- 資本金　1,000万円（発行済株式総数20万株）。社長である父が10万株，長男及び二男がそれぞれ5万株ずつ所有している。
- 類似業種比準価額　100円
- 税務上の繰越欠損金　2億円
- 父の財産
  (i)　甲社株式　10万株
  (ii)　甲社への貸付金　2億円
  (iii)　その他の財産　4億円
- 相続人　長男・二男
- 貸付金の放棄

父は，甲社への貸付金を平成29年1月に放棄した後の平成29年3月に死亡した。

2 相続税の計算

（単位：万円）

	債権放棄なし		1億円債権放棄(注1)		2億円債権放棄(注2)	
	長男	二男	長男	二男	長男	二男
甲社株式	0	0	1,305	1,305	2,485	2,485
貸付金	10,000	10,000	5,000	5,000	0	0
その他の財産	20,000	20,000	20,000	20,000	20,000	20,000
生前贈与加算	－	－	1,305	1,305	2,485	2,485
課税価格	30,000	30,000	27,610	27,610	24,970	24,970
相続税	9,855	9,855	8,780	8,780	7,592	7,592

- 1億円債権放棄した場合（注1）
(1) 甲社株式の純資産価額の計算
    ① 相続税評価額による純資産価額　1億円
    ② 帳簿価額による純資産価額　　　0円
    ③ 評価差額に相当する金額　①－②＝1億円
    ④ 評価差額に対する法人税等相当額　③×37%＝3,700万円
    ⑤ 1株当たりの純資産価額（①－④）÷20万株＝315円
(2) 甲社株式の相続税評価額の計算
    ① 相続税評価額　100円×0.25＋315円×0.75＝261円
    ② 父所有の甲社株式の相続税評価額　①×10万株＝2,610万円
(3) みなし贈与額の計算
    長男の対するみなし贈与額（二男も同じ）
    (2) ①×5万株＝1,305万円
    ※ 相続開始のあった年に被相続人から贈与によって取得した財産については，その財産の価額を相続税の課税価格に加算することとされているため，贈与税は課されない。

- 2億円債権放棄した場合（注2）
(1) 甲社株式の純資産価額の計算
    ① 相続税評価額による純資産価額　2億円
    ② 帳簿価額による純資産価額　　　0円
    ③ 評価差額に相当する金額　①－②＝2億円
    ④ 評価差額に対する法人税等相当額　③×37%＝7,400万円
    ⑤ 1株当たりの純資産価額（①－④）÷20万株＝630円
(2) 甲社株式の相続税評価額の計算
    ① 相続税評価額　100円×0.25＋630円×0.75＝497円
    ② 父所有の甲社株式の相続税評価額　①×10万株＝4,970万円
(3) みなし贈与額の計算
    長男の対するみなし贈与額（二男も同じ）
    (2) ①×5万株＝2,485万円

(2) DES（債務の資本化）と擬似DES

　通称DES，デット・エクイティ・スワップとは，債権者が債務者に対する債権（例えば，貸付金）を現物出資し債務者の債務を消滅させ，債務者の資本を増加させる増資の手法です。DESにより債権者が債務者に対して有していた債

権が当該債務者に現物出資された場合,債務者が債権者に対して負っていた債務は,現物出資を受けた債権と混同することで消滅することになります。

相続対策で最も多く利用されるのが,会社に対する債権(例えば,貸付金)を現物出資することにより,債権と株式を交換する方法です。この方式によると,債務者である会社の税務処理として,債権の時価評価額により資本金等の額を増加させることとなります。

そのため,債務超過の会社の場合には,債権の額面と時価との差額は債務消滅益として益金の額に計上することとなります。

なお,現物出資を行う場合には,原則として検査役の調査が必要ですが,出資をしようとする者が増資をしようとする会社に対して金銭を貸し付けている(金銭債権がある)場合に,その金銭債権に弁済期(返済日)が到来しているものであって,金銭債権について募集事項で決められた金額が金銭債権に係る負債の帳簿価額を超えないときは,検査役の調査は不要とされています。

一方,債務者が第三者割当増資を行い,債権者から払い込まれた増資資金を借入金の返済のために債権者に支払う方法(擬似DES)があります。この場合,金銭増資により払い込む者と債務の弁済を受ける債権者が同一の者であったとしても,原則として,税務上の問題は生じないものと思われます。

しかし,この方式を利用する目的が,それらの取引が一体として行われていると認定される場合には,DESを利用したときとの課税の公平の観点からあえて積極的に否認される可能性も考えられます。

コラム　自社株対策の留意点(行為計算の否認規定と財産評価基本通達)

　自社株対策が相続税等の負担を不当に減少させる結果となる場合や，著しく課税の公平を欠くときは，その対策が否認されることがありますので，注意が必要です。

(1)　**同族会社の行為計算の否認規定**

　相続税の同族会社の行為計算否認規定は，相続税等の負担を不当に減少させる結果となると認められるときに，税務署長に対し，同族会社の行為計算を否認し，正常な行為計算に引き直して課税する権限を認めるものです。

　相続税の同族会社の行為計算否認規定を適用するためには，①同族会社の行為計算であること，②これを容認した場合にはその同族会社の株主等の相続税等の負担を不当に減少させる結果となると認められることの2つの要件が必要とされています。

> (同族会社等の行為又は計算の否認等)
> **第64条**　同族会社等の行為又は計算で，これを容認した場合においてはその株主若しくは社員又はその親族その他これらの者と政令で定める特別の関係がある者の相続税又は贈与税の負担を不当に減少させる結果となると認められるものがあるときは，税務署長は，相続税又は贈与税についての更正又は決定に際し，その行為又は計算にかかわらず，その認めるところにより，課税価格を計算することができる。

(2)　**財産評価基本通達総則6項**

　財産評価基本通達に定める評価方法を形式的・画一的に適用した場合には，当該財産の客観的交換価値とは乖離した結果を導くこととなって，納税者間で著しく課税の公平を欠く場合も生じることが考えられる場合には，財産評価基本通達総則第6項で，「この通達の定めによって評価することが著しく不適当と認められる財産の価額は，国税庁長官の指示を受けて評価する。」とし，租税負担の回避策に対する対処をしています。

(3)　**否認事例**

> 　東証一部上場のキーエンスの滝崎武光名誉会長の長男武史氏が大阪国税局の税務調査を受け，贈与された資産管理会社の株式を巡り1,500億円を超える申告漏れを指摘され，追徴税額は過少申告加算税を含め350億円となったようです。
> 　これは，贈与された株式の相続税評価額が著しく低いと判断され，財産評価基本通達の総則第6項によって株式の価額を算定し課税処分が行われたようです。

第10章

自社株の生前移転対策と
その留意点

この章では，自社株の相続税評価額が低い時期に，後継者等へ生前移転をはかる際の留意点を中心に解説します。

1　名義株の整理

　株主名簿に登載されている株主が，本当に権利を有する株主（真実の株主）か否かを確認する必要があります。

　設立時から株主となっている場合は，会社設立時に実際に出資をしたのか，創業者が単に名前を借りたにすぎないのかを調査します。単なる名義貸しであれば，株主名簿の訂正を行うとともに，名義株であることの確認書等を取得して，真実の権利関係に合致させるべきでしょう。

　名義株式の有無によって，自社株の相続税評価額が大きく異なることになるため，真の株主の判定には細心の注意を払う必要があります。以下の設例で確認します。

【設例】
1　前提
- A社の発行済株式総数　10,000株（すべて普通株式）
- 株主の名義及び所有株式数
　甲　5,000株，甲の妻　2,500株，乙（甲の弟）980株，乙の妻　1,020株，丙（乙の知人）500株
- 乙が死亡し，乙名義の株式を以下のとおり相続させる。
  (a) 丙名義の株式が丙の所有（丙が真の株主）である場合
　　　乙の株式を乙の子1と子2に2分の1ずつ分割して相続する
  (b) 丙名義の株式は乙が真の株主である場合
　　　乙名義の株式のうち，500株を乙の妻へ，乙の子1及び子2へはそれぞれ490株ずつ相続する。

第10章 自社株の生前移転対策とその留意点

■株主丙の株式の真の所有者が乙であるか否かによる判定

(単位：株数)

株主の名義	①丙が真の株主である場合		②乙が真の株主である場合	
	移動前	移動後	移動前	移動後
甲	5,000	5,000	5,000	5,000
甲の妻	2,500	2,500	2,500	2,500
乙（甲の弟）	980	0	1,480	0
乙の妻	1,020	1,020	1,020	1,520
乙の子1	0	490	0	490
乙の子2	0	490	0	490
丙（乙の知人）	500	500	丙名義（500）	―
合計	10,000	10,000	10,000	10,000

2 相続した株式の原則評価・特例評価の判定
① 丙が真の株主である場合

	同族株主	取得後の議決権割合	中心的な同族株主の判定		判定
			その会社	評価対象者	
乙の子1	該当	5％未満	甲又は甲の妻	非該当（20％）	特例評価
乙の子2	該当	5％未満	甲又は甲の妻	非該当（20％）	特例評価

② 乙が真の株主である場合

	同族株主	取得後の議決権割合	中心的な同族株主の判定		判定
			その会社	評価対象者	
乙の妻	該当	5％以上	―	―	原則評価
乙の子1	該当	5％未満	甲又は甲の妻など	該当（25％）	原則評価
乙の子2	該当	5％未満	甲又は甲の妻など	該当（25％）	原則評価

そこで，名義を貸している株主から真の株主へ名義を変更する際に，確認書（以下の「確認書」見本参照）などを徴求しておくことが無難な手続きと考えられます。

```
　　　　　　　　　　確認書
　山田太郎様

　　私は，大阪株式会社（大阪市中央区本町7丁目8番9号）の普通株式100株
　の株主として株主名簿に記載されていますが，当該株式の実質的な所有者は山田
　太郎様であることを確認します。
　　　　　　　　　　　　　　　　　　　　　　　平成30年○月○日

　　　　　　　　　　　　住所　大阪市北区○○町1丁目2番3号
　　　　　　　　　　　　氏名　　田中　一郎　㊞
```

　なお，名義株主が死亡している場合や，所在不明のときには，名義を貸した当時の事情を確認できる資料を基に，真の株主へ名義を変更することも考えられます。その場合，名義株主やその相続人等から株主としての権利等について主張が行われることが予想されます。

　また，課税上のトラブルの可能性が考えられますが，名義株式の整理では，支配権を有する同族株主のうち，相続開始が近い者への名義変更となり，課税上は不利な事例が多いと思われます。その場合には，課税上のトラブルは少ないのではないかと考えられます。

　自社株の名義株の判定における，裁決例には以下のようなものがあります。

```
　　相続人らが所有する取引相場のない株式の贈与者がなんびとであるかに関し，
　Ｘらは，被相続人Ｐが代表取締役をしていた会社の株式を，元従業員ら10名か
　ら贈与により取得した旨主張するが，(1)その元従業員及びその相続人は，同会社
　の株主であったとする認識がなく，その従業員らがその株式の実質の所有者で
　あったとする資料は見当たらないこと，(2)Ｐ及び請求人総代は，相続開始前3年以
　内にその株式の名義がＸらに異動したとして会社の関与税理士に通知しているこ
　となどを総合すると，株式は，Ｐの名義株であって，Ｘらは相続開始前3年以内
　にＰから株式の贈与を受けたものであると認めるのが相当である。
　　　　　　　　　　　　　　　　　　　　　　（平成2年9月28日裁決）
```

第10章　自社株の生前移転対策とその留意点

　審査請求人ら名義の関係会社の株式は、(イ)株式の取得資金のすべてを被相続人が負担していること、(ロ)株式申込証に押印されている印影は、毎回同じで、その印影に係る印章は、被相続人が普段所持し使用していたものであること、(ハ)株式の配当金は、被相続人が受け取っていたことが認められることから、被相続人に帰属する株式と認めるのが相当である。次に、請求人ら名義の定期預金は、(ニ)被相続人は、本件定期預金を請求人らに贈与する意思があったと推認されること、(ホ)本件定期預金にほぼ見合う金額の贈与税の申告と納税がなされていること、(ヘ)請求人らは、贈与税の申告等について少なからず承知していたこと、(ト)請求人らは、相続開始前に被相続人から本件定期預金の通帳を受け取っていると推認されることからすれば、本件定期預金の贈与の事実を否定することはできない。なお、相続開始前3年内の贈与は、これを相続税の課税価格に算入すべきである。

(平成11年3月29日裁決)

① 贈与事実の存否の判断に当たって、贈与税の申告及び納税の事実は、贈与事実を認定する上での一つの証拠とは認められるものの、それをもって直ちに贈与事実を認定することはできないと解すべきである。
② 被相続人は請求人のために株主として権利行使ができるよう取締役会の承認を得るべく働きかけるのが通常であるところ、そのような行動をとった事実は認められない
③ 「財産及び債務の明細書」には本件株式の贈与がなかったとした場合の本件会社の株式数を記載している、その他の事実から贈与はなかったとされた。

(平成19年6月26日裁決)

2　贈与の意思表示と受託の意思表示

(1)　贈与の定義

　民法549条では,「贈与は,当事者の一方が自己の財産を無償で相手方に与える意思を表示し,相手方が受諾をすることによって,その効力を生ずる。」としています。

　また,550条では,「書面によらない贈与は,各当事者が撤回することができる。ただし,履行の終わった部分については,この限りでない。」としています。

　以上のことから,贈与は,贈与者の贈与の意思表示と,受贈者の受諾の意思表示が必要とされます。また,贈与について,争いになる事例の中で,共同相続人間によるものが最も厄介です。すなわち,生前贈与が被相続人の意思で行われたか否か,受贈者が勝手に財産を横領したのではないかなど泥沼の争いに巻き込まれることもあり得ます。そのため,贈与の事実を明確にするために,贈与契約書を作成し,贈与者には必ず署名をしてもらい,当該贈与契約書の原本は手許に大事に保管しておくようにします。

　贈与契約書の作成にあたっては,①不動産の贈与契約書は,印紙税法に定める印紙を貼付すること,②譲渡制限のある株式等の場合は,「譲渡承認請求書」及び「株主総会議事録」又は「取締役会議事録」などによって譲渡承認手続きが行われていることを証する書類の整備が必要です。法人税申告書別表第二(株主欄)を変更し,かつ,株主名簿の整備も怠りなく行うようにしておきましょう。

　また,贈与税の申告が必要な場合には,申告と納税を期限内にするようにしましょう。

　なお,親権者が未成年の子に対して贈与する場合の贈与契約の成立については,贈与契約は諾成契約であることから,贈与者と受贈者において贈与する意

思と受贈する意思の合致が必要となりますが，幼少の子が受託の意思表示をすることは困難と考えられます。

しかし，親権者から未成年の子に対して贈与する場合には，利益相反行為に該当しないことから，親権者が受託すれば契約は成立し，未成年の子が贈与の事実を知っていたかどうかにかかわらず，贈与契約は成立すると解されています（平成19年6月26日裁決）。

コラム　署名捺印（押印）による証拠保全

　署名とは，本人が自筆で氏名を手書きすることです。署名による筆跡・筆圧などは署名人により異なるため，署名の真贋を問われる問題が発生したときは筆跡鑑定をすることで，たとえ署名人が存命していなくても，第三者により署名と署名した本人との真正を推定することができ，その証拠能力はきわめて高くなります。

　法令の用語では，署名のことを「自署」ともいいます。

　これに対して記名とは，自署以外の方法で氏名を記載することです。例えば，他人による代筆，ゴム印を押したもの，ワープロで印刷する場合などです。

　日本では印鑑に対する信用度が高いため，署名捺印が最も証拠能力が高く，次いで署名のみ，さらに記名押印でも有効ですが，記名のみでは証拠能力は認められません。

　「署名捺印」，「記名押印」という組み合わせで用いられるように，一般的には，本人が自筆で氏名を書いたもの（署名）に印を押す際は「捺印」といい，本人の自筆ではなく，代筆やゴム印などで氏名を記したもの（記名）に印を押す際は「押印」という言葉が多く用いられています。

　「署名」と「記名」には証拠能力の違いがありますが，「押印」と「捺印」は印を押すという行為に変わりないため，印を押してもらう際にどちらの言葉を使ったとしても，証拠能力に違いは出てきません。

　なお，商法32条によれば，効力は署名＝記名＋押印とされており，契約において署名があれば押印は不要で契約は有効ということになりますが，慣習として署名の場合にも捺印してもらうのが一般的です。

> 商法32条　この法律の規定により署名すべき場合には，記名押印をもって，署名に代えることができる。

> 民法968条(自筆証書遺言) 自筆証書によって遺言をするには,遺言者が,その全文,日付及び氏名を自書し,これに印を押さなければならない。
> 2 自筆証書中の加除その他の変更は,遺言者が,その場所を指示し,これを変更した旨を付記して特にこれに署名し,かつ,その変更の場所に印を押さなければ,その効力を生じない。

> 民事訴訟法228条(文書の成立) 文書は,その成立が真正であることを証明しなければならない。
> 2 文書は,その方式及び趣旨により公務員が職務上作成したものと認めるべきときは,真正に成立した公文書と推定する。
> 3 公文書の成立の真否について疑いがあるときは,裁判所は,職権で,当該官庁又は公署に照会をすることができる。
> 4 私文書は,本人又はその代理人の署名又は押印があるときは,真正に成立したものと推定する。
> 5 第二項及び第三項の規定は,外国の官庁又は公署の作成に係るものと認めるべき文書について準用する。

(2) 暦年贈与

　贈与税は相続税の補完税としての役割を担っていて,贈与税と相続税は相関関係にあります。その意味では,贈与税は相続税の前払いと考えられるので,日常の資金繰りの中で無理のない範囲で少しずつ贈与税を負担しながら生前贈与を実行することで,将来の相続税負担を着実に軽減させていくことが可能です。

　生前贈与が相続税負担を大きく軽減させる原因は,生前贈与によって相続税の累進税率の上積み税率が適用される部分の財産が移転し,贈与税の累進税率の下積み税率によって計算した贈与税の負担で済むことにあります。

■**負担税率のイメージ図**

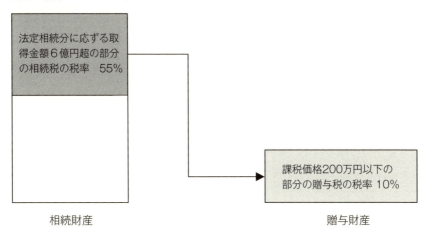

そのため,贈与税と相続税の合計額で財産の承継コストを考えるようにすることが対策を実行していくうえでのポイントです。

自社株の賢い生前贈与の進め方としては,まず相続税評価額を引き下げて対策を実行する(例えば,役員退職金を支払うことで株価を引下げる),世代飛ばしの贈与(孫などへの贈与でも相続税のように二割加算の規定の適用がない)も検討する,議決権が分散しないように非後継者へは,無議決権の株式を贈与する,等の方法が考えられます。

(3) 相続時精算課税
① 制度の概要

相続時精算課税は60歳以上の親又は祖父母から20歳以上の子である推定相続人(代襲相続人を含む)及び孫への贈与について,受贈者の選択により,暦年課税による贈与税の課税に代えて適用を受けることができます。

贈与時には,特別控除額(累積で2,500万円)を超える部分について一律20％の税率による贈与税を納付し,贈与者の相続時には,その贈与財産の価額を課税価格に加算して相続税額を計算し,既に納付した贈与税相当額を控除す

る仕組みです。

　この相続時精算課税の適用を受けようとする受贈者は、その選択に係る最初の贈与に係る贈与税の申告期限内に贈与税の納税地の税務署長宛てに贈与者ごとに「相続時精算課税選択届出書」を贈与税の申告書に添付して提出しなければなりません。

　また、この特例を選択した受贈者はその贈与者からの贈与財産について他の贈与者からの贈与財産と区別して計算し、その贈与者からの贈与税額は、その贈与者からの贈与財産の合計額から2,500万円を控除した金額に20％を乗じて計算することとされています。

② 活用法

　例えば、代表取締役の父が大半の自社株を所有している場合で、父の相続により、事業を承継しない者に自社株が分散されてしまうと、会社の意思決定がスムーズに運ばず、会社経営に支障が出ることが予想されます。そこで、事業を継承させたいと考える後継者である子に、父の生前にその自社株を相続時精算課税によって贈与すれば、贈与時の贈与税を軽減させながら、当該子の経営権を確保してやることができます。遺留分減殺請求があれば、遺留分を侵害する限度において遺贈はその効力を失いますが、受遺者は、現物の返還をするか価額弁償をするかの選択権があり、相当価額の弁償をすることにより、現物返還義務を免れることができます。

　相続時精算課税を選択した者に係る相続税額は、相続時精算課税に係る贈与者が亡くなった時に、相続時精算課税の適用を受けた贈与財産の価額と相続や遺贈により取得した財産の価額とを合計した金額を基に計算した相続税額から、すでに納めた相続時精算課税に係る贈与税相当額を控除して算出します。

　なお、相続財産と合算する贈与財産の価額は、贈与時の価額とされています。

　そこで、評価会社の1株当たりの利益金額が大きいために類似業種比準価額が高いことが自社株の相続税評価額を引き上げている原因となっているときには、1株当たりの利益金額を引き下げる工夫（例えば、役員退職金の支払いな

第10章 自社株の生前移転対策とその留意点

ど)からはじめます。そして,株価が下落したときに相続時精算課税により後継者に一括して贈与することで,その後の1株当りの利益金額が大きくなって株価が上昇しても,その影響を受けずに相続することが可能となります。

※ 平成29年度の税制改正において,非上場株式等についての贈与税の納税猶予制度の適用にあたり,相続時精算課税適用者は納税猶予分の贈与税額の計算において相続時精算課税によることができる旨の改正が行われます。

そのため,贈与税の納税猶予による相続時精算課税を選択するか,一般の相続時精算課税による贈与かの検討が必要となります。

大きく値上がりする財産を,相続時精算課税で贈与する場合の相続税の軽減効果や,活用の留意点などを設例によって検証してみます。

【設例】 値上がりする財産の贈与

1 前提

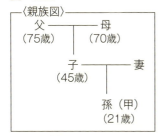

- 父の財産
  - 自社株 1億円(10年後の自社株は2億円に値上がりすると仮定)
  - その他の財産 4億円
  - 財産の増減はないものとする
  - 父は10年後に死亡すると仮定
- 相続時精算課税による贈与
  平成29年に子または孫甲へ自社株を贈与する

2 父の遺産分割

母は法定相続分(自社株の贈与がなかったものとした金額を基に計算する)を相続し,残余は子が相続する。

(単位：万円)

	贈与なし		子へ精算課税で贈与		孫甲へ精算課税で贈与		
	母	子	母	子	母	子	孫甲
自社株	10,000	10,000	—	—	—	—	—
その他の財産	20,000	20,000	30,000	10,000	30,000	10,000	—
相続時精算課税適用財産	—	—	—	10,000	—	—	10,000
課税価格	30,000	30,000	30,000	20,000	30,000	10,000	10,000
基礎控除額	4,200		4,200		4,200		
課税遺産総額	55,800		45,800		45,800		
相続税の総額	19,710		15,210		15,210		
各人の算出税額	9,855	9,855	9,126	6,084	9,126	3,042	3,042
相続税額の2割加算	—	—	—	—	—	—	608
配偶者の税額軽減	△9,855	—	△7,605	—	△7,605	—	—
相続時精算課税分の贈与税額控除	—	—	—	△1,500	—	—	△1,500
納付税額	0	9,855	1,521	4,584	1,521	3,042	2,150
合　計（相続税＋贈与税）	9,855		7,605		8,213		

　相続時精算課税の贈与を受けた場合の贈与税は，(10,000万円－2,500万円)×20％＝1,500万円となります。

　孫甲が受贈者の場合には，父の一親等の血族には含まれないこととされていることから相続税額の2割加算の規定（被相続人の一親等の血族及び配偶者以外の者が相続又は遺贈により財産を取得した場合には，相続税額の2割加算の対象となる）の適用を受けます。

　贈与を行わなかった場合の相続税と，子へ相続時精算課税により贈与したときを比較すると，贈与したときの税負担が2,250万円（9,855万円－7,605万円）軽減されます。

　また，孫甲へ相続時精算課税により贈与した場合も，同様に1,642万円軽減されます。

3 受贈財産の値下がり

　しかし，相続時精算課税による贈与を受けた財産の価額が，相続時精算課税に係る贈与者の死亡までの間に値下がりした場合には，他の共同相続人の相続税の負担にも影響を与えます。

　そこで，上記設例の場合で，贈与した自社株が相続開始時に2,000万円に値下がりすると，相続税は以下のようになります。

第10章 自社株の生前移転対策とその留意点

(単位:万円)

	贈与なし		子へ精算課税で贈与		孫甲へ精算課税で贈与		
	母	子	母	子	母	子	孫甲
自社株	—	2,000	—	—	—	—	—
その他の財産	30,000	10,000	30,000	10,000	30,000	10,000	—
相続時精算課税適用財産	—	—	—	10,000	—	—	10,000
課税価格	30,000	12,000	30,000	20,000	30,000	10,000	10,000
基礎控除額	4,200		4,200		4,200		
課税遺産総額	37,800		45,800		45,800		
相続税の総額	11,720		15,210		15,210		
各人の算出税額	8,371	3,349	9,126	6,084	9,126	3,042	3,042
相続税額の2割加算	—	—	—	—	—	—	608
配偶者の税額軽減	△5,860	—	△7,605	—	△7,605	—	—
相続時精算課税分の贈与税額控除	—	—	—	△1,500	—	—	△1,500
納付税額	2,511	3,349	1,521	4,584	1,521	3,042	2,150
合　計 (相続税+贈与税)	5,860		7,605		8,213		

相続時精算課税によって贈与した財産が,相続開始時に値下がりしている場合には,税負担は増加します。そのため,贈与する財産の選択と贈与のタイミングについては,慎重に検討しなければなりません。

(4) 非上場株式等についての贈与税の納税猶予

後継者が,認定贈与承継会社の代表権を有していた者から,贈与によりその保有株式等の全部又は一定数以上取得をし,その会社を経営する場合には,猶予対象株式の贈与に係る贈与税の納税が猶予されます。

贈与税の納税猶予額は,相続時精算課税選択者以外の者である場合には,納税猶予の特例を受ける非上場株式等の数に対応する価額から基礎控除額(110万円)を控除した残額に贈与税の税率を適用して計算した額となります。

一方,相続時精算課税選択者の納税猶予税額は,納税猶予の特例を受ける非上場株式等の数に対応する価額から2,500万円(特別控除)を控除した残額に20%の税率を乗じて計算した金額となります。

贈与税の納税猶予の適用を受けた後に，経営贈与承継期間（5年間）内に納税猶予取消事由に該当すると，猶予された贈与税額と贈与税の申告期限の翌日から納税猶予の期限までの期間（日数）に応じて年0.8％の割合（特例基準割合が1.8％の場合）で利子税がかかります。なお，経営贈与承継期間経過後に納税猶予の全部又は一部を納付する場合については，経営贈与承継期間中の利子税は課されません。

　また，雇用確保要件が満たされなかった場合において，猶予税額を納付しなければならないときのみ，経営贈与承継期間の末日から5か月以内に延納申請ができます。相続の場合には，物納申請もできます。

　非上場株式等についての贈与税の納税猶予の適用を受ける場合には，適用時に納付すべき贈与税は生じません。また，贈与者が死亡した場合には，その非上場株式等は贈与時の価額で相続財産に加算されます。

　なお，非上場株式等についての贈与税の納税猶予の適用を受けていた非上場株式等については，一定の要件を満たす場合には，非上場株式等についての相続税の納税猶予を選択することもできます。

■贈与税の納税猶予と相続時精算課税の比較表

	贈与税の納税猶予		相続時精算課税
	暦年課税	相続時精算課税	
対象会社（株式等）	認定贈与承継会社に該当する会社（都道府県知事による認定が必要）		要件なし
贈与者の要件	会社の代表権を有していた者など一定の要件を満たす者（親族・年齢要件はない）	会社の代表権を有していた者など一定の要件を満たす者（親族・年齢要件は，右欄に同じ）	贈与年の1月1日時点で，60歳以上の父母又は祖父母
受贈者の要件	20歳以上で代表権を有していることなど一定の要件を満たす者（親族外の者も対象）	20歳以上で代表権を有していることなど一定の要件を満たす者（親族・年齢要件は右欄に同じ）（※）	贈与年の1月1日時点で，20歳以上の推定相続人である子（代襲相続人を含む）又は孫（※）
贈与財産	一定の非上場株式等（贈与する株式数などの要件がある）		贈与する財産の種類・株式数などに制限はない
贈与税の税率	累進税率	20%	20%
納付税額	暦年贈与によって計算した贈与税は全額猶予される	贈与財産の価額の合計額から，複数年にわたり利用できる特別控除額（限度額：2,500万円。ただし，前年以前において，すでにこの特別控除額を控除している場合は，残額が限度額となる）を控除した後の金額に，一律20％の税率を乗じて算出した贈与税は全額猶予される	贈与財産の価額の合計額から，複数年にわたり利用できる特別控除額（限度額：2,500万円。ただし，前年以前において，すでにこの特別控除額を控除している場合は，残額が限度額となる）を控除した後の金額に，一律20％の税率を乗じて算出した贈与税を納付
納税猶予取消時の贈与税	累進税率で贈与税が課されているため，納付する贈与税負担が多額になる	特別控除後の金額に20％の税率で贈与税が課されているため，暦年贈与と比較して納付する贈与税は軽微なものと思われる	―

納税猶予取消後の相続税（贈与後3年以内に相続発生）	贈与を受けた時の価額で相続財産に加算され，贈与税額控除の適用があるが，控除しきれない贈与税は還付されない	贈与を受けた時の価額で相続財産に加算され，贈与税額控除の適用があり，控除しきれない贈与税は還付される	－
納税猶予取消後の相続税（贈与後3年を超えて相続発生）	贈与を受けた時の価額で暦年贈与によって贈与税が課されるだけで，納付した贈与税は相続税によって取戻しはできない		－
特例受贈非上場株式等以外の財産の贈与	暦年贈与によって課税される	相続時精算課税として課税される	相続時精算課税として課税される
贈与者の死亡	贈与を受けた時の価額で相続財産に加算され，猶予されている贈与税は免除される		贈与を受けた時の価額で相続財産に加算される
相続税の申告	相続により取得したものとみなし，非上場株式等についての相続税の納税猶予を選択することができる		納付した贈与税は相続税から控除され，控除しきれない金額は還付されるが，相続税の納税猶予を選択することはできない
手続き	都道府県知事による認定＋税務署へ贈与税の納税猶予などの申告が必要。また，贈与者の相続開始までの一定の間，定期的に継続届出書などの報告義務がある	贈与を受けた翌年3月15日までに，「相続時精算課税選択届出書」の提出と贈与税の申告，及び左記の手続きが必要	贈与を受けた翌年3月15日までに，「相続時精算課税選択届出書」の提出と贈与税の申告が必要

（※）平成30年度税制改正において親族外の後継者について相続時精算課税の対象者とされます。

■非上場株式等の贈与税・相続税の納税猶予の特例制度の比較表

		現行制度	新制度
入口の要件見直し		納税猶予の適用を受ける場合に,経営承継計画の策定及び事前の認定を受ける必要はない	平成30年4月1日から平成35年3月31日までの間に特例承継計画を策定し,都道府県知事に提出して,経営承継円滑化法の認定を受ける必要がある(※)(認定を受けていない場合には,現行制度の納税猶予制度を利用することになる)
		発行済議決権株式総数の最大3分の2が対象	取得した全株式が対象
		贈与の場合,猶予割合 100% 相続の場合,猶予割合 80%	贈与又は相続のいずれの場合でも,猶予割合100%
承継パターンの拡大		代表権を有していた先代経営者1人から,株式を承継する場合のみ	次の場合にも適用対象とする ① 複数人(代表者以外の者を含む)→1人への承継 ② 1人→代表権を有する最大3人(総議決権数の10%以上を有する者に限る)への承継
		相続時精算課税適用対象者は,一定の要件を満たす,贈与者の直系卑属	親族外の後継者について,相続時精算課税の対象者とする(贈与者60歳以上,受贈者20歳以上である場合に限る)
承継後の負担軽減		① 納付期限の確定事由(譲渡・合併・解散等)に該当した場合,株式の贈与時・相続時の相続税評価額を基に計算した税額を納付 ② 承継後5年間平均8割の雇用維持が必要となり,満たさない場合,猶予された税額を全額納付	① 会社を譲渡(M&Aなど)・解散した場合で一定の要件を満たすときは,その時点の株式価値で税額を再計算して差額を免除 ② 雇用要件を弾力化し,5年後に平均8割を満たせず,かつ,経営悪化している場合などについて認定経営革新等支援機関の指導・助言を受け,一定の書類を提出すれば納税猶予継続

(※)平成30年1月1日から平成35年3月31日までの間に,贈与が先に行われ,同じ年に経営承継円滑化法の認定を受けた場合には,贈与税の納税猶予の適用を受けることができます(相続の場合も同じです)。

(5) 遺留分算定基礎財産

　遺留分とは，被相続人の一定の近親者のために法律上留保しなければならない相続財産のうち一定の割合のことをいいます。この遺留分を侵害した贈与や遺贈などの無償の処分は，法律上当然に無効となるわけではありませんが，遺留分権利者が減殺請求を行った場合に，その遺留分を侵害する限度で効力を失うことになります。

　私有財産制社会では，自らの財産を生前や死後においても自由に処分できるのが建て前ですが，これを無条件に認めることとなると，配偶者や子など遺族の生活保障や，相続人による被相続人の財産形成への有形無形の寄与が全く考慮されないこととなります。遺留分制度は被相続人，相続人両者の利益を調整しようとするものです。

　遺留分の割合は以下のようになっています。

① 総体的遺留分の割合

法定相続人	遺留分
配偶者と子（直系卑属）	被相続人の財産の2分の1
配偶者と親（直系尊属）	
配偶者のみ	
子（直系卑属）のみ	
親（直系尊属）のみ	被相続人の財産の3分の1
兄弟姉妹	遺留分の権利はありません

② 個別的遺留分の割合

遺留分権者が複数いるときは，上記の全体としての遺留分の割合に，個々の相続人の法定相続分を乗じたものがその相続人の遺留分の割合になります。

〈算式〉

個別の遺留分の割合＝総体的遺留分の割合×個別的遺留分の割合

■遺留分権利者が配偶者や子などである場合の遺留分の計算

(注1) 相続前1年前の日より前にした贈与でも，契約当事者が遺留分権利者に損害を与えることを知って行ったものは算入されます（民法1030条）。
(注2) 生前贈与が相続人に対して行われ，それが特別受益となる場合には，1年以上前の贈与であっても算入されます（民法1044条）。

相続人に対する生前贈与は，贈与の時期に関係なく遺留分の算定基礎財産に算入され，その場合の価額は，贈与時の価額ではなく相続時の価額によって遺留分の算定基礎財産に算入されます。

そのため，後継者が先代経営者から事業を承継し，自社株の贈与を受けた場合に，先代経営者が死亡するまでの間に，主として後継者の貢献による会社業績の向上があったときでも，後継者が贈与を受けた自社株の株価ではなく，相続開始時の自社株の時価によって遺留分の算定基礎財産として計算されることになります。

そこで，将来の紛争防止のため経営承継円滑化法に基づく遺留分に関する民法の特例を活用すると，後継者を含めた先代経営者の推定相続人全員の合意のうえで，先代経営者から後継者に贈与等された非上場株式について，一定の要件を満たしていることを条件に，遺留分算定基礎財産から除外（除外合意），又は遺留分算定基礎財産に算入する価額を合意時の時価に固定（固定合意）を

することができます。

　なお，民法（相続関係）等の改正に関する中間試案における，遺留分減殺請求権の効力及び法的性質の見直しでは，遺留分減殺請求によって当然に物権的効果が生ずるとされている現行の規律を改め，遺留分減殺請求によって原則として金銭債権が発生するものとしつつ，受遺者又は受贈者において，遺贈又は贈与の目的財産による返還を求めることができる制度を設けるものとする，としています。

第10章　自社株の生前移転対策とその留意点

3 譲渡（贈与）の承認請求等

　株式譲渡制限会社において，自社株を贈与しようと考えるときは，譲渡承認機関での譲渡の承認などの手続きに瑕疵がないように実行します。

(1) 株主による承認請求

　株式会社の株式の譲渡は，原則自由です。ただし，譲渡制限株式については，その譲渡につき，会社の承認を要します。譲渡承認機関は，取締役会や株主総会によることが多いようです。譲渡承認機関は有限会社と同様に，会社の登記簿謄本によって確認することができます。株式を譲渡（贈与）しようと考える場合には，事前に承認機関に対して「株式譲渡承認請求書」（見本参照）を提出します。

　持分会社（合名会社，合資会社または合同会社）の場合には，持分会社の持分の譲渡には，必ず社員の承認を要します。

　業務を執行しない有限責任社員は，業務を執行する社員の全員の承諾がなければ，その持分の全部または一部を他人に譲渡することができません。

　それ以外の場合は，社員は，他の社員の全員の承諾がなければ，その持分の全部または一部を他人に譲渡することができません。

　なお，持分会社の社員の氏名・名称および住所は，定款に記載される事項のため，持分譲渡があった場合には定款変更に該当し，原則的には総社員の同意が必要となります。

　しかし，前述した業務を執行しない有限責任社員の持分譲渡による定款変更については，業務を執行する社員の全員の同意によってすることができるとしています。

　持分の定めのある医療法人の場合，医療法等において明確な規定はありませんが，過去の判例（浦和地裁昭和57年6月28日判決）において社員間における

持分譲渡は定款に反しない限り許されるという判断が示されています。ただ，この判例では，社員としての地位に基づく譲渡が前提とされていることから，譲渡取引を行う場合には双方が医療法人の社員として行う方法が望ましいものと解釈されます。しかし，社員以外の者が出資持分を所有すること又は追加で出資持分を取得することも認められますので，一般には社員以外の者の間での出資持分の譲渡も認められると解釈されています。

医療法人の社員に就任するためには，社員総会の承認が必要とされ，社員総会の承認は社員の過半数の同意を必要とします。

なお，株式会社も出資持分を取得することはできますが，社員になることはできないこととされています。

■株式譲渡承認請求書（見本）

```
                株式譲渡承認請求書

  私，●●　○○は，下記株式を譲渡するにあたり，貴社株主総会において，その譲渡を承認していただきたく，ここに請求いたします。


譲渡する株数      普通株式      100株
１株あたりの金額   無償
持株総数         普通株式      250株
譲渡の相手       住所    大阪市○○１丁目２番３号
                氏名    ○○　●●
                株数    普通株式    100株


平成○○年７月７日


譲渡請求者    住所   大阪市●●３丁目４番５号
             氏名   ●●　○○


大阪市●●７丁目８番９号
株式会社大阪商会　御中
```

(2) 会社側の対応

　株主による譲渡承認請求書が提出された場合，会社はその譲渡承認機関において，承認について審議します。その際，議事録等（「臨時株主総会議事録」見本参照）をきちんと残しておかなければなりません。
　承認することが決定したら，請求した株主に対し，承認の通知（「株式譲渡承認通知書」見本参照）を行います。

■臨時株主総会議事録（見本）

臨時株主総会議事録

1. 日　　時：平成○○年7月15日
　　　　　　午前10時00分から午前11時00分
2. 場　　所：当会社本店会議室
3. 出 席 者：発行済株式総数　　　　　　普通株式　　1,000株
　　　　　　この議決権を有する総株主数　　　　　　　　2名
　　　　　　この議決権の数　　　　　　　　　　　　1,000個
　　　　　　本日出席株主数（委任状出席を含む）　　　　2名
　　　　　　この議決権の個数　　　　　　　　　　　1,000個
4. 議　　長：代表取締役　●●　△△
5. 会議の目的事項並びに議事の経過の要領及び結果：
　　議長は，開会を宣し，上記のとおり定足数にたる株主の出席があったので，本総会は適法に成立した旨を述べ，議案の審議に入った。

　議案　株式の譲渡承認の件
　　議長は，●●　○○より当社の株式の一部を株式譲渡承認請求書のとおり譲渡したい旨の申し出があったことを述べて定款の規定により本株主総会においてその承認を行う必要があることを説明し，その承認を議場に諮ったところ，全員一致でこれを承認可決した。

　　贈与者　　住所　　大阪市●●3丁目4番5号
　　　　　　　氏名　　●●　○○
　　受贈者　　住所　　大阪市○○1丁目2番3号
　　　　　　　氏名　　○○　●●

株式数　　普通株式　100株
　　　１株あたりの金額　　無償
　　　譲渡日　平成〇〇年７月20日

ここにおいて，総会は別段の異議なく，これを承認した。

以上をもって本日の議事が終了したので，議長は閉会を宣した。

上記決議を明確にするため，本議事録を作成し，議長及び出席取締役が次に記名押印する。

　　　　　　　　　　　　　　　　　　　　　　　　平成〇〇年７月15日
　　株式会社大阪商会　　臨時株主総会

　　　　　議長・議事録作成者
　　　　　　　　代表取締役
　　　　　　　　●●　△△

■株式譲渡承認通知書（見本）

　　　　　　　　　　　　株式譲渡承認通知書

　貴殿の平成〇〇年７月７日付書面による後記株式の譲渡承認請求につき，当社の平成〇〇年７月15日付臨時株主総会において承認されましたので通知いたします。

　　　　　　　　　　　　　　記

　譲渡する株式の種類および数　　普通株式　　100株
　譲渡する相手方　　　　　　　　大阪市〇〇１丁目２番３号
　　　　　　　　　　　　　　　　　〇〇　●●

　　　　　　　　　　　　　　　　　　　　　　平成〇〇年７月15日

　　株式会社大阪商会　代表取締役　　●●　△△

第10章 自社株の生前移転対策とその留意点

4 贈与契約と贈与財産の引渡し

　自社株の贈与を行う場合に，株式譲渡制限会社であるときは，会社の承認機関において事前に譲渡承認を得ておかなければなりません。その後，受贈者等と，会社側はそれぞれ，以下のような対応をすることが必要となります。

(1) 受贈者等
① 贈与契約書
　贈与は書面でなくとも口頭でも成立します。しかし，贈与の事実を後日証明するためには，贈与契約書を作成しておくことが無難な選択です。
　その場合，贈与契約書には，贈与者及び受贈者がそれぞれ署名・捺印することがポイントです。また，日付についても自書するようにし，贈与契約書に従い贈与財産の引渡しを実行します。
　そして，税務申告に贈与契約書を添付する場合には，写しを用いて，原本は大切に受贈者が保管しておくようにします。
　後日，相続人間等で贈与の事実について争いになった場合には，贈与者が死亡していても「贈与契約書」（見本参照）の原本が贈与者の贈与の意思確認に重要な役割を果たすことになります。

■贈与契約書（見本）

贈与契約書

　贈与者○○太郎を甲とし，受贈者○○一郎を乙として，甲乙間において次のとおり贈与契約を締結した。

　第１条　甲は，乙に対して，Ａ社株式（大阪市北区●●町１丁目２番３号）100株を贈与することを約し，乙はこれを承諾した。

第2条　甲は，当該財産を平成○○年4月1日までに贈与するものとする。

　上記契約を証するため本書を2通作成し，甲乙各1通を保有する。

　　　　　　　　　　　　　　　　　　　　　平成○○年●月●●日

　　　　　　　　　贈与者（甲）　住所　○○○○○○○○
　　　　　　　　　氏名　○○　太郎　　　印
　　　　　　　　　受贈者（乙）　住所　○○○○○○○○
　　　　　　　　　氏名　○○　一郎　　　印

② 　株式名義書換請求

　贈与を受けた自社株の名義の書換えを発行会社に請求をします。書換え請求がないと会社は株主名簿の書換えを行うことができません。

■株主名簿名義書換請求書（作成例）（株券不発行会社用）

　　　　　　　　　　　　株主名簿名義書換請求書
　　　　　　　　　　　　　　　　　　　　　　平成○○年7月10日
大阪株式会社　御中
　貴社株式を下記のとおり譲渡しましたので，株主名簿記載事項の書換えを請求します。
　　　　　　　　　　　　　　　記
譲渡株式数　　　普通株式　　100株
譲渡年月日　　　平成○○年7月7日
譲渡人（旧株主）
　住　所　　　　大阪市北区○町1丁目2番3号
　氏　名　　　　田中　一郎　（届出印）
譲受人（新株主）
　住　所　　　　大阪市中央区○町4丁目5番6号
　氏　名　　　　山田　太郎　（届出印）

③ 贈与税の申告及び納付

贈与を受けた自社株の相続税評価額が基礎控除額を超える場合，又は相続時精算課税による贈与を受けたときには，贈与税の申告と納付が必要となります。

特に，相続時精算課税による贈与の場合には，「相続時精算課税選択届出書」と共に一定の添付資料を添付のうえ，贈与税の申告期限内に申告を行うことが要件とされているので，申告期限には注意が必要です。

(2) 会社側の対応

① 株主名簿

株式会社は，会社法121条において，株主名簿を作成し，これに次に掲げる事項（株主名簿記載事項）を記載し，又は記録しなければならないとされています。

(i) 株主の氏名又は名称及び住所
(ii) (i)の株主の有する株式の数（種類株式発行会社にあっては，株式の種類及び種類ごとの数）
(iii) (i)の株主が株式を取得した日
(iv) 株式会社が株券発行会社である場合には，(ii)の株式（株券が発行されているものに限る）に係る株券の番号

株主名簿には，決まった書式は特になく，法定の記載事項が記載されていればどのような書式でも構いません。また，平成13年の商法改正で電磁的方法により作成することが可能となっていますので，例えば，表計算ソフトなどで株主名簿を作成して管理しておくことも可能です。

■普通株式のみ・株券不発行会社の株主名簿（例）
(a) 一覧型

<table>
<tr><td colspan="5">大阪株式会社　株主名簿</td></tr>
<tr><td colspan="5" style="text-align:right">平成○○年7月31日現在</td></tr>
<tr><td>氏名又は名称</td><td>住　所</td><td>株式数</td><td>株式取得日</td><td>備考</td></tr>
<tr><td>山田　太郎</td><td>大阪市北区○町1丁目2番3号</td><td>100株</td><td>平成○年○月○日</td><td></td></tr>
<tr><td>田中　一郎</td><td>大阪市中央区○町3丁目4番5号</td><td>200株</td><td>平成○年○月○日</td><td></td></tr>
<tr><td>株式会社A</td><td>神戸市灘区○町5丁目6番7号</td><td>700株</td><td>平成○年○月○日</td><td></td></tr>
<tr><td colspan="2">合　計</td><td>1,000株</td><td>―</td><td></td></tr>
</table>

(b) 個別型

大阪株式会社　株主名簿
氏名又は名称　　山田　太郎
住所　　　　　　大阪市北区○町1丁目2番3号
現所有株式数　　100株

日　付	増加株式数	減少株式数	所有株式数	異動事由
平成○年○月○日	50株		50株	○○から譲受
平成○年○月○日	80株		130株	○○から相続
平成○年○月○日		30株	100株	○○へ贈与

② 法人税申告書別表二

　同族会社等の判定に関する明細書（法人税申告書別表二）には、判定の基礎となる株主及び同族関係者を記載することとされています。

　そのため、株主の異動があれば、その後の申告にあたりこの明細書の株主欄を書き換えておかなければなりません。

第10章　自社株の生前移転対策とその留意点

■別表二

同族会社等の判定に関する明細書				事業年度 又は連結 事業年度	・　・ ・　・	法人名		

同族会社の判定	期末現在の発行済株式の総数又は出資の総額	1	内	特定同族会社の判定	(21)の上位1順位の株式数又は出資の金額	11	
	(19)と(21)の上位3順位の株式数又は出資の金額	2			株式数等による判定 $\frac{(11)}{(1)}$	12	%
	株式数等による判定 $\frac{(2)}{(1)}$	3	%		(22)の上位1順位の議決権の数	13	
	期末現在の議決権の総数	4	内		議決権の数による判定 $\frac{(13)}{(4)}$	14	%
	(20)と(22)の上位3順位の議決権の数	5			(21)の社員の1人及びその同族関係者の合計人数のうち最も多い数	15	
	議決権の数による判定 $\frac{(5)}{(4)}$	6	%		社員の数による判定 $\frac{(15)}{(7)}$	16	%
	期末現在の社員の総数	7			特定同族会社の判定割合 ((12)、(14)又は(16)のうち最も高い割合)	17	%
	社員の3人以下及びこれらの同族関係者の合計人数のうち最も多い数	8		判　定　結　果		18	特定同族会社 同　族　会　社 非同族会社
	社員の数による判定 $\frac{(8)}{(7)}$	9	%				
	同族会社の判定割合 ((3)、(6)又は(9)のうち最も高い割合)	10					

判　定　基　準　と　な　る　株　主　等　の　株　式　数　等　の　明　細							
順位		判定基準となる株主（社員）及び同族関係者		判定基準となる株主等との続柄	株式数又は出資の金額等		
株式数等	議決権数	住所又は所在地	氏名又は法人名		被支配会社でない法人株主等		その他の株主等
					株式数又は出資の金額 19	議決権の数 20	株式数又は出資の金額　　議決権の数 21　　　　　　　22
				本　人			

別表二　平二十九・四・一以後終了事業年度又は連結事業年度分

法　0301－0200

③ 自社株の相続税評価額の算定

　自社株の贈与が行われた場合には，特例的評価方式であれば株主総会等の資料が株主の手許にあれば計算可能な場合が多いと思われますが，原則的評価方式の場合には，財産評価に必要な情報をすべて株主に提供するか，それとも会社が自社株の相続税評価額を算定し，その評価明細書を提供するのか，いずれかになると思われます。

5 移転後の手続き等

(1) 株主総会
① 株主への通知
　会社法299条では，株主総会を招集するには，取締役は，株主総会の日の2週間（書面又は電磁的方法によって議決権を行使することができることを定めたときを除き，公開会社でない株式会社にあっては，1週間）前までに，株主に対してその通知を発しなければならない，と規定しています。

　通常の株主総会では，各事業年度にかかる計算書類及び事業報告ならびにこれらの附属明細書を作成し，この計算書類は，原則として定時株主総会の承認を受けなければならないとされています。また，役員の選任・解任やその報酬決定，剰余金の配当についても決議が必要とされています。

② 株主による権利行使
　株式会社の社員である株主は，原則としてその所有する株式数に応じて一定の量の議決権を株主総会において行使することができます。

　株主総会とは，株式会社の基本方針を定める場であることから，株主の議決権は，株主の権利のうち共益権の1つであり，経営参加権ともよばれています。

　株主は，原則として株式1株につき1個の議決権を有することとされていますが，以下のような株主は，議決権を有しないこととされています。

(i) 単元株式制度を採用している場合（定款で単元株式数を定めている場合）は，1単元につき1個の議決権を有する（会社法308条1項）ので，1単元未満の株式しか保有していない株主
(ii) 公開会社でない会社は，株主総会における議決権に関する事項について，株主ごとに異なる取扱いを行う旨を定款で定めることができる（会社法109条2項）ことから，議決権を有しないものとされた株主

(iii) 種類株式のうち議決権制限株式で、議決権が行使できると定めた事項以外についての議決権（会社法108条2項8号）を行使しようとしている株主

(iv) 当該会社が保有する自己株式と、相互保有株式（4分の1以上保有される会社等の保有する株式）などの議決権（会社法308条1項・2項）を行使しようとしている株主

なお、議決権は、議場に出席することによって行使することが原則ですが、一定の場合には書面や電磁的記録によることも可能です（会社法311条・312条）。

相続税の税務調査において、取引相場のない株式等が名義株式として指摘を受けることも少なくありません。そのため、株主は、生前中から継続して株主として、株主総会における議決権の行使によって真の株主として自ら証明するなどの行為をすることが重要です。

具体的には、例えば株主総会の議案に対する賛否について葉書でもって権利行使を行うことが挙げられます。葉書には消印が押されることから、投函日を確認することができます。議決権の行使にあたって葉書に株主の名義人が署名捺印をすると、その証拠能力は一層高まります。

(2) 配当金等の支払い

株主総会において、剰余金の分配が決議された場合、配当金等の支払いが行われます。

配当等の支払をする法人は、その支払の際、原則として、所得税及び復興特別所得税を源泉徴収（税率20.42％）しなければなりません。

また、配当等を支払う法人は、「支払調書」は配当等を受ける者ごとに、「合計表」は「支払調書」の総括表として、所轄税務署長に対して提出する義務があります。

第10章 自社株の生前移転対策とその留意点

■譲渡制限会社（株券不発行）の場合における株式の贈与に伴う手続き一覧

	贈与者	受贈者	会社
贈与の意思等	贈与の意思表示	受託の意思表示	―
譲渡承認申請	贈与による譲渡承認申請	―	申請受理
承認機関での審議	―	―	承認機関で審議
譲渡承認通知	通知書受理	―	承認通知書発送
贈与契約書	契約書に署名・捺印	契約書に署名・捺印	―
株券名義変更	―	会社へ書換申請	申請受理
株主名簿	―	書換完了通知書受理	株主名簿書換及び通知
贈与税の申告	―	申告及び納税	―
法人税申告書	―	―	別表第二株主名簿変更
株主総会	―	株主総会において権利行使	株主総会の通知
配当金	―	所得税の確定申告（配当所得の申告）	株主へ支払

6 支配すれども所有せず

　種類株式等の活用によって,「支配すれども所有せず」を実現することが相続対策のポイントです。「支配すれども所有せず」を実現するために,信託による方法や,会社法に規定する種類株式等の活用が考えられます。
　被相続人が所有する自社株を後継者へ生前に移転するものの被相続人に議決権を残す方法には具体的には,以下のような方策が考えられます。

(1) 信託

　信託を活用して,自社株を「受益権」と「議決権行使の指図権」に分離して,受益権は相続人へ贈与等を行い,議決権行使の指図権は被相続人が保有する。

(2) 拒否権付種類株式

　拒否権付種類株式を被相続人が保有する。株主総会や取締役会のすべての事項に拒否権を与えることも,一部の決議事項（例えば,合併決議など会社再編に関わる事項）についてだけ拒否権を与えることも可能。

(3) 議決権制限株式

　議決権制限株式（例えば,無議決権株式）に組み換えて,相続人へその株式の贈与等を行い,被相続人は議決権の制限のない株式（普通株式）を保有する。

(4) 定款による定め（属人的株式）

　会社法109条2項によって属人的株式に関する規定を定款に設け,被相続人が所有する株式にだけ相当数の議決権を有するようにしておく。例えば,被相続人が保有している株式は,1株について50個の議決権があるなど。

【設例】

1 前提
　父が100%（発行済株式数100株）所有する会社の株式を，属人的定めによって，「父及び母が所有する株式について，1株当たり100個の議決権を有する」ものとしたうえで，母へ1株，長男へ98株を生前贈与することとする。

2 株式と議決権の状況

株主	所有株式数		議決権数		
	贈与前	贈与後	贈与前	贈与後	父死亡後 （長男が株式を相続）
父	100株	1株	10,000個	100個	―
母	―	1株	―	100個	100個
長男	―	98株	―	98個	99個
合計	100株	100株	10,000個	298個	199個

　所有株式の大半は，長男へ贈与によって移転していますが，議決権は父及び母で過半数を有することとなりますので，長男に対する牽制になります。

第11章

相続開始後の対策

この章では、相続開始後の遺産分割の工夫や、相続後の株価の変動等について解説します。

1　同族株主等でも分割方法によって評価方法が異なる

　同族株主が取得する株式の評価方法は，原則として会社の業績や資産内容を株価に反映させた原則的評価方式（類似業種比準方式，又は純資産価額方式，あるいはそれらの併用方式）で，その他の少数株主が取得する株式の評価は，特例的評価方式（配当還元方式）により行います。

　しかし，同族株主であっても，①他に中心的な同族株主がいてその者が中心的な同族株主でなく，②相続・贈与又は譲渡により株式を取得した後の議決権割合が5％未満で，かつ，③役員でなければ，原則的評価方式ではなく，配当還元方式を適用することができます。

　一方，自社株を分散しすぎると同族の支配権が確保できなくなるケースや，分散した後に株を買戻そうとする場合に，その価額でトラブルになるなどの心配があります。特に買戻す場合の価額については，配当還元価額により移転した株であっても，同族株主が配当還元価額で買戻すと贈与税が課税される可能性が高いので，注意が必要です。

　相続発生後においても，同族株主に該当する株主が，遺産分割によってどのように自社株を相続するかにより，相続税の負担が増減するかについて設例で確認します。

【設例1】
1　前提
- 被相続人　父（平成29年4月死亡）
- 相続人　　母・長男・二男（全員A社の役員ではない）
- 相続財産
  - （株）A社株式　1,200株（12％所有しすべて普通株式で議決権は1株につき1個。原則的評価方式による価額2万円・配当還元価額500円）
  - その他　　22,800万円

第11章　相続開始後の対策

・(株) A社の株主の状況
　父の兄が株式の6,800株 (68%) の株式を，父の兄の子は2,000株 (20%) 所有しています。父の兄が代表取締役，父は専務取締役で，父の兄の子が取締役に就任していて将来の後継予定者と目されています。

2　分割方法
① 分割案1
　A株式は3分の1ずつ相続し，その他の財産は法定相続分どおり相続する
② 分割案2
　A社株式は長男がすべて相続し，その他の財産は法定相続分どおり相続する

(単位：万円)

	分割案1				分割案2			
	母	長男	二男	合計	母	長男	二男	合計
A社株式	20	20	20	60	−	2,400	−	2,400
その他	11,400	5,700	5,700	22,800	11,400	5,700	5,700	22,800
課税価格	11,420	5,720	5,720	22,860	11,400	8,100	5,700	25,200
相続税	0	854	854	1,708	0	1,299	914	2,213

3　解説
　分割案2によると，長男は同族株主で，かつ，取得後の議決権割合が5%以上となることから，A社株式の相続税評価額は原則的評価方式によって評価することとなります。
　一方，分割案1によれば，母・長男及び二男は，全員同族株主に該当しますが，取得後の議決権割合は5%未満で，他に中心的な同族株主（父の兄やその子）がいて，母・長男及び二男は中心的な同族株主に該当せず，かつ，役員でもないことから，特例的評価方式によって評価することができます。

■分割案1による遺産分割を行った場合の原則評価・特例評価判定表

	父の兄	父の兄の子	母	長男	二男	合計	判定
	6,800	2,000	400	400	400	10,000	
父の兄	6,800	2,000	−	−	−	8,800	○
父の兄の子	6,800	2,000	−	−	−	8,800	○
母	−	−	400	400	400	1,200	×
長男	−	−	400	400	400	1,200	×
二男	−	−	400	400	400	1,200	×

【設例2】

株式会社C社（発行済株式数10,000株・議決権総数10,000個）は同族株主のいない会社ですが，その株主である甲及びその親族が所有するC社の株式数に応じた議決権割合は以下のとおりであり，他の株主にこれらの者の同族関係者はいません。

甲が死亡し，C社株式を甲の配偶者乙，又は甲の子が相続したときには，その株式はどのように評価することとなるのか検証してみます。

1 前提

- C社株主の現状

甲400株（4.0％），甲の妻（乙）100株（1％），甲の子50株（0.5％），甲の兄（丙）1,500株（15％），その他甲の親族以外の少数株主（7,950株）で構成されている。

2 解説

① 乙が甲のC社株式を相続したとき

乙が甲のC社株式を相続したときには，乙は，丙が3親等内の姻族に当たり，「株主の1人及びその同族関係者の有する議決権の合計数」が15％以上のグループに属し，取得後の議決権割合が5％以上（400株＋100株）となるため，原則的評価方式によって評価されます。

② 甲の子が甲のC社株式を相続したとき

甲の子が甲のC社株式を相続した場合には，甲の子は，丙が6親等内の血族に当たるので，甲の子は，議決権割合の合計が15％以上のグループに属しますが，甲の子の相続後の議決権割合が5％未満（400株＋50株）で，C社には中心的な株主（丙）がいて，甲の子が役員又は相続税の申告期限までに役員となる者でない限り，配当還元方式が適用されることとなります。

株主の態様							評価方式
評価対象者	議決権割合の合計が15％以上の株主グループに属する株主	評価対象者	取得後の議決権割合が5％以上の株主				原則的評価方式（類似業種比準方式又は純資産価額方式，若しくはそれらの併用方式）
			取得後の議決権割合が5％未満の株主	評価会社	中心的な株主がいない場合		
					中心的な株主がいる場合	評価対象者	役員又は役員予定者	
						その他の株主	特例的評価方式（配当還元方式）
議決権割合の合計が15％未満の株主グループに属する株主							

以上のことから，C社の株式を誰が相続するかによって，評価方式が異なることとなりますので，遺産分割にあたってはそれらの点についても慎重に対応することが必要です。

2 死亡退職金の支給

　相続対策は生前に時間をかけて行うことが理想ですが，対策の必要性を認識しながらも，結果として何もできないまま相続を迎えることも決して珍しいことではありません。

　しかし，共同相続人に配偶者がいる場合には，遺産分割を工夫すれば，相続発生後でも第一次相続と第二次相続（配偶者の相続）の通算相続税を軽減することができます。

　例えば，配偶者が相続する財産は，相続後に相続した財産の相続税評価額が下がる財産とか，消費される財産を相続すれば，第二次相続の相続税は軽減されます。高収益な会社のオーナー経営者に相続が発生すると，多額の死亡退職金を支払うことが多く，その退職金を支払った事業年度の最終損益は赤字になることも少なくありません。特に会社規模区分が「大会社」である場合の自社株の相続税評価額は，1株当たりの利益金額に大きく左右されるので，死亡退職金の支払いなどによって相続した後において自社株は相当額値下がりすることとなります。そのような場合には，配偶者がその株式等を相続し，相続税評価額が下がってから，後継者へ贈与又は譲渡するなどの方法によって移転するようにします。

　そのことによって，第二次相続の相続税は大きく軽減されます。そのことを，以下の設例で検証してみます。

【設例】

1 前提

- 被相続人　父（甲社の代表取締役：平成29年３月10日死亡）
- 相続人　母・長男・長女
- 相続財産　10億円（甲社株式４億円・その他の財産６億円）＋死亡退職金
- 遺産分割
  - すべての財産を法定相続分によって相続する
  - 母は甲社株式とその他の財産１億円を，長男と長女はその他の財産をそれぞれ2.5億円ずつ相続する
- 甲社（３月末決算）の概要
  (1) 資本金　1,000万円（発行済株式数20万株）
  (2) 株主　父120,000株，長男その他40,000株
  (3) 会社規模区分　大会社
  (4) 純資産価額　10,000円/株
  (5) 類似業種比準価額
  ① 類似業種株価　250円
  ② 配当比準　類似会社５円：甲社10円
  ③ 利益比準　類似会社20円：甲社1,000円
  ④ 純資産比準　類似会社300円：甲社6,000円
      250円×{（10円÷５円＋1,000円÷20円＋6,000円÷300円）}÷３×0.7
      ＝4,200円/株
- 甲社は，平成29年３月29日に父の死亡退職金２億円（損金算入限度額内）を長男へ支給した
- 母固有の財産　１億円
- 第二次相続
  ① 母の相続は，平成30年３月１日に開始するものと仮定
  ② 法定相続分どおり相続する

2 第二次相続における甲社株式の相続税評価額

株価及び比準要素の金額に変動はないものと仮定し，甲社の利益金額も退職金の支払いがない場合には同額（２億円）と仮定。

250円×{（10円÷５円＋０円÷20円＋6,000円÷300円）}÷３×0.7＝1,282円/株
※甲社の１株当たりの利益金額　1,000円×20万株－２億円＝０円

■第一次(父)相続の相続税(遺産の総額が10億円の場合)

(単位:万円)

	すべての財産を法定相続分で相続			法定相続分で相続 (母が甲社株式を相続)		
	母	長男	長女	母	長男	長女
甲社株式	25,200	12,600	12,600	50,400	—	—
その他の財産	30,000	15,000	15,000	10,000	25,000	25,000
退職手当金	—	20,000	—	—	20,000	—
非課税金額	—	△1,500	—	—	△1,500	—
課税価格	55,200	46,100	27,600	60,400	43,500	25,000
基礎控除	△4,800			△4,800		
課税遺産総額	124,100			124,100		
相続税の総額	49,552			49,552		
各人の算出税額	21,220	17,722	10,610	23,219	16,722	9,611
配偶者の税額軽減	△21,220	—	—	△23,219	—	—
納付税額	0	17,722	10,610	0	16,722	9,611
合計	28,332			26,333		

■第二次(母)相続の相続税

(単位:万円)

	第一次相続で法定相続分どおり相続 (すべての財産を2分の1ずつ)		第一次相続で法定相続分どおり相続 (母が甲社株式を相続)	
	長男	長女	長男	長女
甲社株式	3,846	3,846	7,692	7,692
その他の財産	15,000	15,000	5,000	5,000
固有の財産	5,000	5,000	5,000	5,000
課税価格	23,846	23,846	12,580	12,580
基礎控除	4,200		4,200	
課税遺産総額	43,492		31,184	
相続税の総額	14,171		9,074	
各人の算出税額	7,086	7,086	4,537	4,537
納付税額	7,086	7,086	4,537	4,537
合計	14,171		9,074	
第一次・第二次通算相続税	42,503		35,407	

　以上のことから,第一次相続で,母が甲社株式をすべて相続すれば,第二次相続開始のときには,甲社株式の相続税評価額が大きく値下がりしているので,すべての財産を法定相続分どおり相続する場合と比べて,通算相続税は7,096万円軽減されます。

　なお,第二次相続の開始が,平成30年4月1日以後になる場合には,甲社株式の相続税評価額が低い平成30年3月31日以前に,長男や長女に対して相続時精算課税によって甲社株式を贈与しておけば,甲社株式の相続税評価額を低い価額に固定することができます。

3　3年内取得土地等・建物等

　純資産価額方式による自社株の相続税評価額の計算において，評価会社が課税時期前3年以内に取得又は新築した土地等並びに家屋等の価額は，課税時期における通常の取引価額に相当する金額によって評価するものとしています。

　そのため，大会社に該当しない会社規模区分の会社では，土地等又は建物等を取得した後3年経過したら自社株の相続税評価額は下落する可能性が高いと思われます。

　そこで，通算相続税の負担を軽減するために，評価会社が大会社以外の会社区分に該当し，かつ，3年内取得土地等又は建物等がある場合には配偶者が自社株を相続すれば，土地等又は建物等の取得後3年経過後にその配偶者の相続が開始すれば相続税の負担軽減に役立ちます。

【設例】
1　前提
- 被相続人　父（平成29年4月死亡）
- 相続人　母・長男
- 相続財産
  - 平成27年3月取得土地・建物　1億円（通常の取引価額・3年経過後の評価額3,000万円）
  - その他の財産　　　　　　　3億円
- 遺産分割
  分割案1　すべての財産を法定相続分どおり相続する
  分割案2　母が土地・建物とその他の財産1億円を，長男がその他の財産2億円を相続
- 第二次相続
  - 母は，平成30年5月に死亡するものとし，父から相続した財産の増減はないものと仮定。
  - 母固有の財産は5,000万円

2 相続税の計算
① 父の相続

(単位：万円)

	分割案1		分割案2	
	母	長男	母	長男
土地・建物	5,000	5,000	10,000	—
その他の財産	15,000	15,000	10,000	20,000
課税価格	20,000	20,000	20,000	20,000
各人の算出税額	5,460	5,460	5,460	5,460
配偶者の税額軽減	△5,460	—	△5,460	—
納付税額	0	5,460	0	5,460

② 母の相続

(単位：万円)

	父の分割案1	父の分割案2
	長男	長男
土地・建物	1,500	3,000
その他の財産	15,000	10,000
母固有の財産	5,000	5,000
課税価格	21,500	18,000
算出税額	5,460	4,060
父と母の通算相続税額	10,920	9,520

4 金庫株

(1) 相続人等からの自社株買取りの特例

　相続又は遺贈により財産を取得して相続税を課税された人が，相続の開始があった日の翌日から相続税の申告書の提出期限の翌日以後3年を経過する日までの間に，相続税の課税の対象となった非上場株式をその発行会社に譲渡した場合においては，その人が株式の譲渡の対価として発行会社から交付を受けた金銭の額が，その発行会社の資本金等の額のうちその譲渡株式に対応する部分の金額を超えるときであっても，その超える部分の金額は配当所得とはみなされず，発行会社から交付を受ける金銭の全額が株式の譲渡所得に係る収入金額とされます。

　したがって，この場合には，発行会社から交付を受ける金銭の全額が非上場株式の譲渡所得に係る収入金額となり，その収入金額から譲渡した非上場株式の取得費及び譲渡に要した費用を控除して計算した譲渡所得金額の15％(注)に相当する金額の所得税が課税されます。

(注)　平成25年から平成49年までは，復興特別所得税として各年分の基準所得税額の2.1％を所得税と併せて申告・納付することになります。

　また，この場合の非上場株式の譲渡による譲渡所得金額を計算するにあたり，その非上場株式を相続又は遺贈により取得したときに課された相続税額のうち，その株式の相続税評価額に対応する部分の金額を取得費に加算して収入金額から控除することができます。

　ただし，加算される金額は，この加算をする前の譲渡所得金額が限度となります。

　なお，その非上場株式を発行会社に譲渡する時までに「相続財産に係る非上場株式をその発行会社に譲渡した場合のみなし配当課税の特例に関する届出書」を発行会社を経由して，発行会社の本店又は主たる事務所の所在地の所轄

税務署長に提出することが必要です。

この特例を活用すれば，共同相続人に分散して相続された非上場株式を，発行会社が金庫株として買い取ることで，譲渡する相続税の譲渡税の負担を軽減させながら，議決権を後継者に集中させることに役立ちます。

■非上場株式を相続で取得等し相続税の申告期限後3年以内に発行会社に譲渡した場合

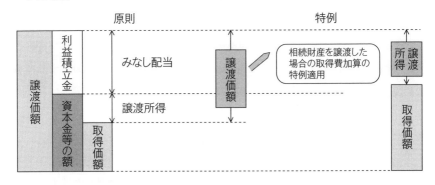

(2) 会社法による相続人等からの自己株式取得の特則

会社法では，特定の株主から自己株式を取得する場合，株主総会の特別決議によりますが，他の株主に売主追加請求権が生じます。この権利は定款をもって排除することができますが，株式の発行後に売主追加請求権を排除する旨の定款を定めを設けるためには，株主全員の同意を得る必要があります。

しかし，相続人等から相続した自社株を買取る場合には，このような定款の定めがない場合であっても，売主追加請求権は生じません。

なお，会社が特定の株主より自己株式を取得するためには，株主総会の特別決議が必要で，その際，買取りの申出をした株主は議決権を行使できません。さらに，この取得について財源規制があります。

(3) 自社株の時価

　売主である個人は，自己株式の時価が明らかでない場合は，所得税基本通達59－6によって，買主である法人は，法人税基本通達9－1－13（課税上弊害がない場合は同通達9－1－14）によって評価した額で評価することになります。

　個人の譲渡対価が時価の2分の1未満の場合，時価で譲渡したものとされます。ただし，時価の2分の1以上の対価による譲渡であっても，所得税法157条（同族会社等の行為又は計算の否認）の規定に留意しておかなければなりません。

　また，高額買取りである場合は，時価と譲渡対価の差額は，相続人等に対する利益の供与となり，一時所得又は給与所得，あるいは退職所得課税とされます。

　発行会社の場合には，株主が自社株譲渡の特例を受ける場合には，みなし配当課税が生じないことから，発行会社の処理においても，自己株式の取得は資本等取引となり，自己株主の取得価額に相当する金額を資本金等の額から減算するだけで，取得価額と時価との差額について受贈益を認識する必要はありません。

5 非上場株式等についての相続税の納税猶予の選択

(1) 非上場株式等についての相続税の納税猶予制度の概要と活用法

　後継者である相続人等（「経営承継相続人等」という）が，相続等により，都道府県知事の円滑化法の認定を受ける非上場会社の株式等を先代経営者である被相続人から取得し，その会社を経営していく場合には，その経営承継相続人等が納付すべき相続税のうち，その非上場株式等（一定の部分に限る）に係る課税価格の80％に対応する相続税の納税が猶予されます。

　経営承継相続人等の主な要件には，以下のようなものが定められています。
① 相続開始の直前に役員であったこと（被相続人が60歳未満で死亡した場合等を除く）
② 相続開始の日の翌日から5か月を経過する日において会社の代表権（制限が加えられた代表権を除く）を有していること
③ 相続人及び相続人と特別の関係がある者（相続人の親族など一定の者）で総議決権数の50％超の議決権数を保有し，かつ，これらの者の中で最も多くの議決権数を保有することとなること
④ 相続税の申告期限まで特例の適用を受ける非上場株式等のすべてを保有していること

　相続する財産の大部分が承継する会社の非上場株式等である場合，納税資金を捻出するために，発行会社に株式を買い取ってもらうことが考えられます。この場合，持株比率が圧倒的に高ければ問題はありませんが，比率によっては筆頭株主要件は維持できるものの保有する議決権数が過半数を割り込んでしまうケースも想定されます。
　非上場株式等についての相続税の納税猶予制度は，延納制度のように金銭一

時納付が困難な場合に限るという要件はないので，相続後に当該非上場株式等が大きく値上がりすると予想される場合には，非上場株式等についての相続税の納税猶予制度の適用を受けておいて，相続開始後3年10か月以内に発行会社へ当該特例非上場株式等を譲渡します。

非上場株式等を発行会社に売却した場合には，原則として売却価額がその株式に対応する資本金等の額を超える部分については，みなし配当があったものとして配当所得とされ，超過累進税率によって課税されます。しかし，この場合には，特例によって，配当所得としてではなく株式等の譲渡所得として課税され，さらに相続税額の取得費加算の特例（相続した非上場株式等に係る相続税のうち，一定額を取得費に加算する）の適用を受けることができます。

経営承継期間内（申告期限後5年以内）に特例非上場株式等を譲渡すると，相続税の納税猶予は取消しとなり，非上場株式等納税猶予税額の納付と利子税が課税されることとなるものの，平成29年の利子税率は0.8％^{（※）}と低く，相続開始直後に発行会社へ譲渡する場合と比べ，株価の値上がりにより当該特例非上場株式等を高く譲渡することができる可能性も考えられます。相続発生直後に発行会社へ譲渡する場合と比べ，株価の値上がり分だけ発行会社に譲渡する株数は少なくて済み，持株比率が低下するのを防ぐ効果が期待できます。

※ 利子税は，相続税の申告期限の翌日から猶予期限までの期間に応じ，原則として年3.6％で計算することとされています。なお，各年の銀行における新規の短期貸出約定平均金利に，年1％の割合を加算した割合（特例基準割合）が年7.3％に満たない場合，以下の算式により計算した利率に軽減されます。
算式：特例割合＝本則3.6％×短期貸出約定平均金利＋1％／7.3％
短期貸出平均金利が0.7％（平成29年）の場合：0.8％＝本則3.6％×（0.7％＋1％）／7.3％

(2) 相続財産を譲渡した場合の取得費の特例

相続により取得した土地，建物，株式などを，一定期間内に譲渡した場合に，相続税額のうち一定金額を譲渡資産の取得費に加算することができます。

（注）この特例は譲渡所得のみに適用がある特例であり，株式等の譲渡による事業所得及び雑所得については，適用できません。

① 特例を受けるための要件
　イ　相続や遺贈により財産を取得した者であること。
　ロ　その財産を取得した人に相続税が課税されていること。
　ハ　その財産を，相続開始のあった日の翌日から相続税の申告期限の翌日以後3年を経過する日までに譲渡していること。

② 取得費に加算する相続税額
　取得費に加算する相続税額は，相続又は遺贈の開始した日により，次の算式で計算した金額となります。ただし，その金額がこの特例を適用しないで計算した譲渡益（土地，建物，株式などを売った金額から取得費，譲渡費用を差し引いて計算する）の金額を超える場合は，その譲渡益相当額となります。

〈算式〉

$$\text{その者の相続税額} \times \frac{[\text{その者の相続税の課税価格の計算の基礎とされたその譲渡した財産の価額}]}{[\text{その者の相続税の課税価格}] + [\text{その者の債務控除額}]} = \text{取得費に加算する相続税額}$$

　この特例を受けるためには確定申告に，①相続税の申告書の写し（第1表，第11表，第11の2表，第14表，第15表），②相続財産の取得費に加算される相続税の計算明細書，③譲渡所得の内訳書（確定申告書付表兼計算明細書【土地・建物用】）や株式等に係る譲渡所得等の金額の計算明細書などの添付し確定申告を行うことが必要です。

参考文献・資料
第1編
笹岡宏保『ケーススタディ相続税財産評価の税務判断』清文社，2016年
笹岡宏保『平成25年2月改訂　具体的事例による財産評価の実務』清文社，2013年
笹岡宏保『平成26年11月改訂　詳解小規模宅地等の課税特例の実務』清文社，2014年
101会『固定資産税の課税明細書から見つけ出す節税のヒント』清文社，2016年
総務省自治税務局固定資産税課「固定資産税制度について」
一般財団法人資産評価システム研究センター「固定資産税評価のあらまし」
一般財団法人資産評価システム研究センター「家屋に関する調査研究」
大阪市ホームページ「固定資産税および都市計画税の算定方法などについて」
横浜市ホームページ「固定資産税の課税明細書の見方」
国税庁ホームページ「相続税の物納の手引き～整備編～」

第2編
金光静夫「取引相場のない株式の評価と評価明細書の記載要領」(大阪・奈良税理士協同組合主催・平成28年度第一回研修会資料)
小寺新一「相続税・贈与税の申告実務上の留意点」(資産税実務研究会)
尾崎三郎監修／竹内陽一・掛川雅仁編著『詳説自社株評価Q&A（五訂版）』清文社，2017年
永渕圭一『株主リストの添付と株主名簿整備』日本法令，2016年
風岡範哉『税務調査でそこが問われる！相続税・贈与税における名義預金・名義株の税務判断』清文社，2015年
笹岡宏保『ケーススタディ相続税財産評価の税務判断』清文社，2016年
笹岡宏保『平成25年2月改訂　具体的事例による財産評価の実務』清文社，2013年
笹岡宏保『平成26年11月改訂　詳解小規模宅地等の課税特例の実務』清文社，2014年
TKC法律情報データーベース　LEX／DB

【著者紹介】

山本　和義（やまもと　かずよし）

税理士法人ファミリィ代表社員
税理士・行政書士・宅地建物取引士
昭和50年　関西大学・商学部卒業
昭和57年　山本和義税理士事務所 開業
平成16年　税理士法人ＦＰ総合研究所 設立
平成29年　税理士法人ＦＰ総合研究所を次世代へ事業承継し，
　　　　　新たに税理士法人ファミリィ 設立
　　　　　代表社員に就任

〈主な著書〉
『タイムリミットで考える相続税対策実践ハンドブック』（清文社）
『税理士のための相続税の申告実務の進め方』（清文社）
『遺産分割と相続発生後の対策』（大蔵財務協会：共著）
『小規模宅地の相続税軽減措置完全ガイド』（中央経済社）
『相続財産がないことの確認』（TKC出版：共著）

税理士の相続業務強化マニュアル
【土地・自社株評価実践編】

2018年4月1日　第1版第1刷発行

著　者　山　本　和　義
発行者　山　本　　　継
発行所　㈱中央経済社
発売元　㈱中央経済グループ
　　　　パブリッシング

〒101-0051　東京都千代田区神田神保町1-31-2
電　話　03（3293）3371（編集代表）
　　　　03（3293）3381（営業代表）
http://www.chuokeizai.co.jp/
製版／三英グラフィック・アーツ㈱
印刷／三英印刷㈱
製本／誠　製　本㈱

© 2018
Printed in Japan

＊頁の「欠落」や「順序違い」などがありましたらお取り替えいたしますので発売元までご送付ください。（送料小社負担）

ISBN978-4-502-25791-9　C3034

JCOPY〈出版者著作権管理機構委託出版物〉本書を無断で複写複製（コピー）することは，著作権法上の例外を除き，禁じられています。本書をコピーされる場合は事前に出版者著作権管理機構（JCOPY）の許諾を受けてください。

JCOPY〈http://www.jcopy.or.jp　e メール：info@jcopy.or.jp　電話：03-3513-6969〉